赋能未来
区块链助力高质量发展

杨池然　秦　强 / 编著

人民日报出版社
北京

图书在版编目（CIP）数据

赋能未来：区块链助力高质量发展 / 杨池然，秦强编著 . -- 北京：人民日报出版社，2022.8
ISBN 978-7-5115-7389-6

Ⅰ .①赋… Ⅱ .①杨… ②秦… Ⅲ .①区块链技术—干部教育—学习参考资料 Ⅳ .① F713.361.3

中国版本图书馆 CIP 数据核字 (2022) 第 107742 号

书　　　名：赋能未来：区块链助力高质量发展
　　　　　　FUNENG WEILAI：QUKUAILIAN ZHULI GAOZHILIANG FAZHAN
作　　　者：杨池然　秦　强

出 版 人：刘华新
责任编辑：程文静　杨晨叶
装帧设计：元泰书装

出版发行：人民日报出版社
社　　址：北京金台西路 2 号
邮政编码：100733
发行热线：（010）65369509　65369512　65363531　65363528
邮购热线：（010）65369530
编辑热线：（010）65363530
网　　址：www.peopledailypress.com
经　　销：新华书店
印　　刷：大厂回族自治县彩虹印刷有限公司
法律顾问：北京科宇律师事务所 010-83622312

开　　本：710mm×1000mm　　1/16
字　　数：245 千字
印　　张：14
版　　次：2022 年 11 月第 1 版
印　　次：2022 年 11 月第 1 次印刷

书　　号：ISBN 978-7-5115-7389-6
定　　价：58.00 元

前　言

领导干部要提高运用和管理区块链技术能力

区块链是一个信息技术领域的术语。区块链技术，也被称为分布式账本技术，是一种互联网数据库技术，其特点是去中心化、公开透明，让每个人均可参与数据库记录。区块链是多种已经成熟的科学技术重混组合形成的科技产物，是在集成了多方面科技发明研究成果基础之上形成的新科技产物。其中，有三项必不可缺的核心技术，分别是共识机制、密码学原理和分布式数据存储。从本质上讲，区块链是一个共享数据库，存储于其中的数据或信息，具有"无法伪造""全程历史留痕""可溯源""全网公开透明""全网集体维护"等特征。基于这些特征，区块链技术奠定了坚实的"信任"基础，创造了可靠的"合作"机制，具有广阔的运用前景。

区块链的诞生，在人类社会发展史中具有重要的里程碑意义，标志着人类社会开始进入可信价值互联网时代。基于区块链技术构建的可信价值互联网，让信用可以自由流动，实现信用价值像信息一样传输，减少了第三方信用背书的中间环节，提高了生产效率，推动人类社会由互联网时代进入可信价值互联网时代。区块链技术成为第二代可信价值互联网的网络基础底座，实现信用价值的有效传递，开启了一个奇点的跨越，开启了可信价值互联网时代。依靠区块链可以保障社会信任机制的建立，为数字化转型以及数字经济的发展奠定了基础。"区块链+"应用的创新，促进未来产业变革与公共服务变革，构建真正以人民为中心的新型服务型政府，让数据多跑路，让数据内部交叉验证，让人们少跑路。

价值交互的基础是双方信任的建立。区块链技术的革命性在于它实现了一种全新的信任方式，通过在技术层面的设计创新，人与人的信任关系能够转换为人与技术的信任，甚至由程序自动化执行某些环节，商业活动得以更低成本的实现。甚至有专家这样认为：蒸汽机的诞生提升了人们的生产力，电力解决了人们的生活需求，互联网改变了信息交流与传递的方式，那么区块链则解决了千百年以来信用如何保障传递的问题，让"信用"像"信息""商品"一样流转，彻底改变了人类社会信用价值传递的方式。正因此，第46届世界经济论坛达沃斯年会将区块链与人工智能、自动驾驶等一并列入"第四次工业革命"。

区块链整个技术架构体系主要由数据层、网络层、共识层、激励层、合约层和应用层组成。在特征上，区块链具有以下几个鲜明特征：第一，去中心化。所谓的去中心化是指加入区块链网络的节点没有中心，任何节点对等；这里的去中心化系统分为两类，一类是完全去中心化系统，另一类是弱中心化系统。去中心化实现了松耦合，保障了系统不依赖某个节点，从而实现了系统安全运行。区块链系统没有中心化系统的运维和管理机制，任何加入区块链的节点都可以随时加入随时退出，不影响整个网络的运行，通过分布式网络交互信息，运用分布式数据库存储数据，信息在整个区块链网络上全网公开透明，各个节点都可以获取全网数据并验证以及传递。去中心化是区块链最突出最本质的特征。第二，开放性与透明性。全球任何人都可以加入公有区块链网络，信息对各节点透明，整个系统代码开源，任何人都可以获得。除了交易各方的私有信息被加密外，区块链的数据对所有人开放与透明，任何人都可以通过加入公有区块链网络查询区块链网络上的数据，整个系统信息高度公开透明。第三，独立性。整个区块链网络上制定的规则和协议通过智能合约自动执行，实现代码即法律、代码即信用，整个区块链系统不依赖第三方信用背书，所有加入区块链网络的节点依据智能合约自动执行并验证数据以及交换数据，中间不需要任何人为的干预。第四，安全性。整个区块链系统中的数据块依靠哈希指针保障了数据唯一性（正如人类的指纹一样），任何节点的数据修改都会使哈希指针的数据发生变化。通过哈希指针保障了区块链整个数据链上的数据防篡改，通过密码学技术实现了数据安全加密。整个区块链网络上只要作恶节点不能掌控全网51%的算力，就无法篡改区块链网络上的节点数据，实现了数据防篡改以及全网算力的安全，避免了人为作恶。第五，匿名性。加入区块链网络上的任何节点不需要身份认证，利用哈希引用以及非对称加密技术中的私钥和公钥对交易进行授权，加入区块链的用户其身份信息不需要公开或验证，信息传递以及交易可以匿名进行。

区块链具有广泛的应用场景和实践场景，可以在金融领域、物联网和物流领域、公共服务领域、数字版权领域、保险领域、公益领域等进行广泛应用。比如，在金融领域，区块链在跨境支付、信用凭证、股权登记以及证券交易等金融领域有着广泛的应用市场，减少了第三方信用背书，提高了金融交易的效率。比特币系统是在区块链技术上诞生的第一个应用。在物联网和物流领域，借助区块链可以让物联网上的设备通过加密实现数据传输、存储，防范数据被篡改，从而保障了数据的真实性，实现了数据的安全性。借助区块链技术实现商品的数据指纹，可以提升物流效率、降低物流成本，追溯商品的流转过程，提高了物流商品的溯源，防范欺诈。区块链与物联网以及物流领域的结合创新应用，可以实现区块链技术更好地服务实体经济、脱虚向实。在公共服务领域，区块链在公共管理、能源、交通等领域都与民众的生产生活息息相关，可以推动区块链技术应用于数字身份、数据存证、城市治理等公共服务领域，支撑公共服务透明化、平等化、精准化，提升人民群众的生活质量。在数字版权领域，为防范知识产权窃取与纠纷、保护知识产权，依托区块链技术可以实现数字版权保护，让知识产权相关信息上链存储，实现了知识产权的溯源、存证、保存，保证了知识产权的真实性、合法性。在区块链上被确权后，知识产权交易都会进行实时记录，实现数字版权整个生命周期的智能管理，从而也可以作为司法取证中的保障。在保险领域，保险机构负责资金归集、投资、理赔，往往管理和运营成本较高。通过智能合约的应用，既无须投保人申请，也无须保险公司批准，只要触发理赔条件，实现保单自动理赔。在公益领域，区块链上存储的数据高度可靠且不可篡改，天然适合用在社会公益场景。公益流程中的相关信息，如捐赠项目、募集明细、资金流向、受助人反馈等，均可以存放于区块链上，并且有条件地进行透明公开公示，方便社会监督。

基于区块链技术与实体经济结合应用，进一步推动区块链技术服务实体经济的发展，更好地建设以人民为中心的服务型政府，提高领导干部运用和管理区块链技术的能力。2019年10月24日，中共中央政治局就区块链技术发展现状和趋势进行第十八次集体学习。中共中央总书记习近平在主持学习时强调，区块链技术的集成应用在新的技术革新和产业变革中起着重要作用。我们要把区块链作为核心技术自主创新的重要突破口，明确主攻方向，加大投入力度，着力攻克一批关键核心技术，加快推动区块链技术和产业创新发展。

习近平总书记指出，区块链技术应用已延伸到数字金融、物联网、智能制造、供应链管理、数字资产交易等多个领域。目前，全球主要国家都在加快布局区块链技术发展。我国在区块链领域拥有良好基础，要加快推动区块链技术和产业创新发展，积极推进区块链和经济社会融合发展。

习近平总书记强调，要强化基础研究，提升原始创新能力，努力让我国在区块链这个新兴领域走在理论最前沿、占据创新制高点、取得产业新优势。要推动协同攻关，加快推进核心技术突破，为区块链应用发展提供安全可控的技术支撑。要加强区块链标准化研究，提升国际话语权和规则制定权。要加快产业发展，发挥好市场优势，进一步打通创新链、应用链、价值链。要构建区块链产业生态，加快区块链和人工智能、大数据、物联网等前沿信息技术的深度融合，推动集成创新和融合应用。要加强人才队伍建设，建立完善人才培养体系，打造多种形式的高层次人才培养平台，培育一批领军人物和高水平创新团队。

习近平总书记指出，要抓住区块链技术融合、功能拓展、产业细分的契机，发挥区块链在促进数据共享、优化业务流程、降低运营成本、提升协同效率、建设可信体系等方面的作用。要推动区块链和实体经济深度融合，解决中小企业贷款融资难、银行风控难、部门监管难等问题。要利用区块链技术探索数字经济模式创新，为打造便捷高效、公平竞争、稳定透明的营商环境提供动力，为推进供给侧结构性改革、实现各行业供需有效对接提供服务，为加快新旧动能接续转换、推动经济高质量发展提供支撑。要探索"区块链+"在民生领域的运用，积极推动区块链技术在教育、就业、养老、精准脱贫、医疗健康、商品防伪、食品安全、公益、社会救助等领域的应用，为人民群众提供更加智能、更加便捷、更加优质的公共服务。要推动区块链底层技术服务和新型智慧城市建设相结合，探索在信息基础设施、智慧交通、能源电力等领域的推广应用，提升城市管理的智能化、精准化水平。要利用区块链技术促进城市间在信息、资金、人才、征信等方面更大规模的互联互通，保障生产要素在区域内有序高效流动。要探索利用区块链数据共享模式，实现政务数据跨部门、跨区域共同维护和利用，促进业务协同办理，深化"最多跑一次"改革，为人民群众带来更好的政务服务体验。

习近平总书记强调，要加强对区块链技术的引导和规范，加强对区块链安全风险的研究和分析，密切跟踪发展动态，积极探索发展规律。要探索建立适应区块链技术机制的安全保障体系，引导和推动区块链开发者、平台运营者加强行业自律、落实安全责任。要把依法治网落实到区块链管理中，推动区块链安全有序发展。

习近平总书记指出，相关部门及其负责领导同志要注意区块链技术发展现状和趋势，提高运用和管理区块链技术能力，使区块链技术在建设网络强国、发展数字经济、助力经济社会发展等方面发挥更大作用。①

习近平总书记的讲话，立足当下、着眼长远，系统介绍了全球区块链技术的发展现状和趋势，深入总结了我国区块链技术的发展态势及特点，深刻分析了区块链技术在应用中带来的风险和挑战，科学提出了发展区块链技术及产业的规划部署，具有很强的思想性、前瞻性和战略性，是指引我们了解和掌握区块链基础知识和前沿动态、加快推进区块链技术和产业创新发展、提高运用和管理区块链技术能力的政治宣言和行动纲领。

广大领导干部要坚持以习近平新时代中国特色社会主义思想为指导，深入贯彻落实习近平总书记重要讲话精神，紧密结合工作实际，提前谋划布局，强化政策引导，充分认识发展区块链技术的重要意义，把区块链技术作为一项基础性、战略性工程，作为推进高质量跨越式发展的重要突破口和动力源，抢抓发展机遇，积极主动作为，高起点谋划、高标准建设，加快推动区块链技术多领域、多场景应用，促进区块链和经济社会融合发展。

各级领导干部要带头加强对区块链前沿理论和技术的学习研究，把握区块链技术发展趋势，提高运用和管理区块链技术能力，让区块链技术在助力我国建设富强民主文明和谐美丽的社会主义现代化强国中发挥更大作用。

---

① 《把区块链作为核心技术自主创新重要突破口　加快推动区块链技术和产业创新发展》，《人民日报》2019年10月26日。

目　录

第一讲　区块链是领导干部把握前沿技术的核心科技 / 001

　　一、区块链的发展历程 / 004

　　二、区块链的技术原理 / 011

　　三、区块链技术的集成应用在新的技术革新
　　　　和产业变革中起着重要作用 / 021

第二讲　区块链技术的发展现状和趋势 / 029

　　一、全球主要国家地区区块链发展现状 / 031

　　二、我国区块链发展现状与问题 / 037

　　三、区块链技术及其应用的发展趋势 / 044

第三讲　把区块链作为核心技术自主创新的重要突破口 / 059

　　一、以科技创新实现高水平自立自强 / 061

　　二、在区块链这个新兴领域占据创新制高点 / 079

　　三、加快推进区块链核心技术突破 / 082

　　四、激发区块链人才创新活力 / 084

第四讲　加快构建区块链产业生态 / 087

一、推动区块链技术和产业创新发展 / 089

二、推动区块链等技术集成创新和融合应用 / 094

三、推动完善区块链产业生态系统 / 096

第五讲　把区块链作为推进跨越式高质量发展的重要突破口和动力源 / 101

一、我国经济已由高速增长阶段转向高质量发展阶段 / 103

二、发挥区块链在经济高质量发展中的五大作用 / 112

三、加快区块链技术创新赋能实体经济 / 114

四、利用区块链技术探索数字经济模式创新 / 117

第六讲　基于区块链技术的数字货币及基本原理 / 121

一、比特币和以太坊的系统架构与场景应用 / 123

二、币圈与链圈 / 131

三、中心化生态与去中心化生态对比 / 135

第七讲　区块链技术为治理现代化赋能 / 137

一、推进国家治理体系和治理能力现代化 / 139

二、推动区块链底层技术服务和新型智慧城市建设相结合 / 149

三、利用区块链技术促进城市间的互联互通 / 153

四、让数据多跑路，让群众少跑腿 / 153

第八讲　探索"区块链+"在民生领域的运用场景 / 157

一、坚持在发展中保障和改善民生 / 159

二、推动区块链技术在民生领域更广泛、更深入地应用 / 165

三、为人民群众提供更加智能、更加便捷、更加优质的公共服务 / 172

目 录

第九讲　区块链技术的安全风险及其应对 / 175

　　一、区块链发展面临的主要问题和风险 / 177

　　二、加强对区块链技术的引导和规范 / 183

　　三、建立适应区块链技术机制的安全保障体系 / 187

第十讲　把依法治网落实到区块链管理中 / 191

　　一、网络空间不是法外之地 / 193

　　二、落实《区块链信息服务管理规定》，

　　　　推动区块链安全有序发展 / 204

　　三、让区块链技术在建设网络强国方面发挥更大作用 / 207

后　记 / 210

第一讲

区块链是领导干部把握前沿技术的核心科技

第一讲
区块链是领导干部把握前沿技术的核心科技

科技改变世界,科技引领发展。科学技术是社会发展的第一生产力,也是创新发展的第一原动力。早在改革开放之初,邓小平就曾强调:"能不能把我国的科学技术尽快地搞上去,关键在于我们党是不是善于领导科学技术工作。"①《全民科学素质行动计划纲要实施方案(2016—2020年)》明确提出:"使领导干部和公务员的科学素质在各类职业人群中位居前列,推动领导干部和公务员更好地贯彻实施创新驱动发展战略,推进国家治理体系和治理能力现代化。"作为我们党执政兴国的"关键少数",领导干部的科学素养是我们党领导科学技术工作的重要前提,也是我们党科学执政的必要保证。领导干部要从事关建成社会主义现代化强国、实现中华民族伟大复兴中国梦的高度来把握科学发展规律,增强科学发展本领,提升自身科学素养,有效运用现代科学技术助力国家实现科技强国。当前,区块链技术已经成为全球创新应用的驱动点,是人类社会从互联网社会进入价值互联网社会的关键核心,被认为是继互联网之后的又一大浪潮。区块链技术的应用可以提升产业创新,更好地适应实体经济发展,解决现实中生产力与生产关系不能协调发展的问题,是领导干部把握前沿技术的核心科技,必须高度重视。

---

① 《邓小平文选》(第二卷),人民出版社1994年版,第96页。

一、区块链的发展历程

风起于青萍之末,浪成于微澜之间。区块链技术来源于比特币,也因比特币而家喻户晓、备受瞩目。一般人都是因为知道比特币而知道了区块链。区块链技术发展到现在,无论在技术上的深度与广度,还是在场景应用的宽度上,均取得了很大的突破。百花齐放的区块链应用正在带领人类从信息互联网时代进入可信价值互联网时代,区块链技术也正处于快速发展演化的生态应用大潮中。

2008 年 11 月,一位化名中本聪的人,在"密码学论坛"上发表了一篇论文 Bitcoin: A Peer-to-Peer Electronic Cash System(《比特币:一种点对点的电子现金系统》)。这篇由中本聪写的论文,阐述了比特币在区块链技术上的诞生与应用原理。2009 年 1 月 3 日,中本聪发布了比特币系统并挖掘出第一个区块,被称为"创世区块",从而诞生了最初的 50 个比特币。[①] 广为流传的创世区块留言是中本聪在创世区块的 Coinbase(币根基,系统最初生成的比特币)写下的"The Times 03/Jan/2009 Chancellor on brink of second bailout for banks"(财政大臣正处于实施第二轮银行紧急援助的边缘),这句话正是《泰晤士报》2009 年 1 月 3 日当天的头版文章标题,同时是一个证据。Coinbase 值的变化会引起区块 hash(哈希)值的变化,从而它证明了此区块的生成时间在这期报纸的标题出现之后,也是区块链诞生的第一个应用。图 1-1 所示为 2009 年 1 月 3 日《泰晤士报》的头版。

---

① 比特币:Bitcoin,简称 BTC,此概念最初由中本聪于 2008 年 11 月 1 日提出,并于 2009 年 1 月 3 日诞生,是一种点对点(P2P)传输的数字加密货币,总量 2100 万枚。比特币网络每 10 分钟释放出一定数量币,预计在 2140 年达到极限。比特币依据特定算法,通过大量的计算产生,不依靠特定货币机构发行,其使用整个 P2P 网络中众多节点构成的分布式数据库来确认并记录所有的交易行为,并使用密码学设计确保货币流通各个环节安全性,可确保无法通过大量制造比特币来人为操控币值。基于密码学的设计可以使比特币只能被真实拥有者转移、支付及兑现,同样确保了货币所有权与流通交易的匿名性。(基于中本聪《比特币白皮书》概述性总结)

第一讲
区块链是领导干部把握前沿技术的核心科技

图 1-1　2009 年 1 月 3 日《泰晤士报》的头版

追溯区块链的发展历程，截至 2021 年，比特币系统已经经历了 12 年。整个比特币系统软件全部开源，系统本身分布在全球各地，无任何负责的主体，也无中心化的服务器，更没有信用背书。比特币系统从诞生到现在，经历了大量黑客无数次的尝试攻克，然而都无功而返。12 年来，这个"三无"系统一直都在稳定运行，也没有发生过重大事故。依靠区块链技术而诞生的第一个应用比特币系统，检验了区块链技术的完备性和可靠性。比特币当今风靡全球，越来越多的人以及行业应用在这个去中心化的系统中深耕研究，开启了从信息互联网到可信价值互联网的新时代。

被称为计算机第一定律的摩尔定律指出，IC 上可容纳的晶体管数目，约每隔 18 个月便会增加一倍，性能也将提升一倍。换言之，处理器的性能每隔 2 年翻一倍。存储和计算性能的提升，让机器从大机时代进入智能化微型时代。人类也从信息互联网时代进入区块链引领的可信价值互联网时代。

回溯互联网的发展历程，目前来看，一共经历了三个阶段。Web1.0 就是互联网早期的形态，由网站的运营者生成内容。那时的网站更多用于信息交流，几乎不记录用户数据，这使得在网上进行复杂的活动几乎不可能，因为不知道谁来过、看的什么、点击的什么。随着微博、微信的崛起，人们进入了 Web2.0 时代，在这个时代，每个人都是内容的生产者，网站不再被运营者主导。如果说 Web1.0 时代给了我们一个绚丽的画廊，只能被动地观看画廊中布置的作品内容，那么进入 Web2.0 时代，人们则迎来了一个可以自由发挥与创新的共享空间，在这里我们既能欣赏其他人的创作，也能共享我们的创意。但这个空间的主人不是我们，而是互联网平台的所有者，这给用户带来了使用风险。比如说，有一天你不用微博、微信、抖音或 Facebook 了，那么你在上面的所有信息也就没有了。换句话说，在 Web2.0 时代，你在网络上的一切都不属于你自己，而属于这些科技巨头。用户自己创造的一切都属于科技巨头，我们无法主宰自己创造的一切，比如数据。区块链的诞生，让人类进入可信价值互联网时代，在 Web3.0 时代，人们可以主宰属于自己的一切，数据不再属于科技巨头。Web3.0 的提法来自区块链，以太坊的联合创始人 Gavin Wood 博士第一个提出了 Web3.0 的概念。在这个网络中，一切网络协议都是去中心化的，没有服务器，没有中心化机构，更没有权威或垄断组织掌控信息流。图 1-2 展示了互联网发展的三个阶段，从信息互联网到可信价值互联网。

Web3.0 开启未来的可信价值互联网时代，可以总结为以下几方面。

◎ 万物互联皆智能

物联网（IoT）的发展实现了万物互联，智能家居的应用辅助家庭生活，如智能冰箱、智能电视、智能秤，以及像"小爱同学"这样的家庭助理。所有的这些东西都可以连接到互联网，它们形成了一个万物互联的设备网络。随着 5G 的发展，未来所有的东西都能连接到互联网，这一目标将在不远的

第一讲 区块链是领导干部把握前沿技术的核心科技

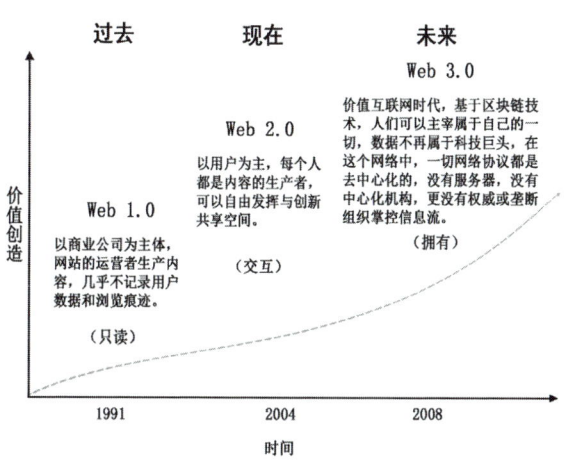

图 1-2　从信息互联网到可信价值互联网

未来得以实现。

◎以用户为中心的时代

Web 3.0 区块链 DApp 更注重以用户为中心，真正实现去第三方的信用背书，它将排除中介功能，不必依赖私人公司控制的巨大数据服务器，个人数据将更加安全和私密。由于没有中心化的服务器，所有数据都将在设备之间传播，人们可以自由访问，基于 IPFS 协议的数据的存储，实现了星际文件互联的存储，这种去中心化的数据存储，将创造一个更加人性化的互联网世界。

◎人工智能辅助让生活更美好

人工智能将让生活更智能、更美好，人类社会将进入人与智能机器的交互时代。例如，当你在网上搜索特定产品后，网页上的推荐广告也会发生变化，一切都是相互关联的。因此，未来的营销是以人为本有目的的营销，避免过多的无用信息打扰人们的生活。

◎语义网

区块链技术堆栈提出了被称为语义网的主题。语义网意味着理解 Web 内容的方法，就像理解人类行为，它与机器学习和人工智能相关联，试图教会计算机理解数据及其行为方式。在语义搜索中，搜索结果将更加准确和相关。

Web 2.0 依赖于关键字，通过页面权限和域权限来对内容进行排名，Web 3.0 浏览器则试图像人一样理解 Web 内容。

◎ 3D 图形和内容的未来

增强现实（AR）和虚拟现实（VR）将会普及化，不同的应用和游戏将拥有更多逼真的图形和感觉。人们从文字网络时代过渡到更具图像性的网页内容，人们喜欢浏览和分享视频、图像。3D 打印不仅限于实验室，还将变得更加便宜，被更多的人使用。

Web 3.0 将重造互联网的世界，开启人类的第二个互联网时代——可信价值互联网时代，是更加以客户为中心，更加人性化、透明化、安全的互联网。而要构造这样一个庞大的 Web3.0，信息存储和文件传输的去中心化就是核心之一。人类社会自进入互联网时代以来，信息呈爆发式增长，传统的硬盘级磁盘列阵存储方式也渐渐被最新的云存储技术所替代。云存储就是把存储资源放到云上，然后供人存取。各种不同类型的存储设备，通过应用软件集合起来协同工作，保证数据的安全性并节约了存储空间，使用者可以在任何时间、任何地点通过任何互联网的装置，使用云上数据。云存储同时也带来了很多隐患，最大的隐患就是数据存储安全方面的问题，大概分为以下四类：第一类，最常见的就是服务器被攻击，数据被盗取；第二类，属于操作失误或运作流程的缺陷，比如云服务提供商，因为操作失误导致使用的公司存储在上面价值上千万元人民币的核心数据全部丢失，导致该公司直接停业；第三类由服务器自身故障导致的数据丢失或错误；第四类由于服务提供商因为亏损或政策等原因引起的停止运营，客户的数据向何处迁移并保存，这些都是云存储服务提供商需要考虑的问题。

我们对现代技术的过分依赖也意味着灾难，需要居安思危，如英国政府 2015 年发布的报告称，一次卡林顿事件级别的太空风暴或将摧毁全球卫星信号和 GPS，导致我们无法使用手机、收音机、电视和互联网。电网或将焚毁，

第一讲
区块链是领导干部把握前沿技术的核心科技

在世界某些地区造成持续一年的停电。① 如今类似事件如果发生将远比以前更具破坏力。正如一旦电力系统遭到破坏，人类将面临灾难性风险。英国前保守党内阁大臣奥利弗·莱特温表示，我们不应"以为万事大吉"，"一些结构性问题导致此类问题及风险尚未上升至政治议程的顶端，除非真正发生一场灾难"。"短期主义"是敌人之一。作为2013年至2017年的英国政府首席科学顾问，马克·沃尔伯特表示，政府普遍"更擅长应对上一次危机"，而非为下一次未雨绸缪。同样起作用的是人类强烈的愿望，即避免思考任何太不愉快或太牵强的事情。里斯表示，"极其严重但相对不大可能发生的（灾难），很容易被忽视"。人类必须做好准备，正如如果再来一次太空风暴，我们现实科技创造的一切都将被破坏甚至摧毁，我们必须居安思危，做好准备。这也标志着我们的生活方式面临一种新的威胁。如果明天就有一场类似的太空天气事件袭来，那么我们将毫无准备。我们需要意识到，不熟悉的事情并不等同于不可能，防患于未然才能更好地应用科技服务人类。

一切都是时代的产物，中心化时代在完成自己的使命后，人类进入去中心化与弱中心化并存的时代。

从信息互联网到区块链引领的可信价值互联网，可以看出区块链经历了三个阶段的发展，图1-3展示了区块链的演进。

◎ 区块链1.0

数字货币时代，区块链技术起源于2008年的比特币，这也是区块链的1.0阶段。以比特币为代表的数字货币的时代，开启了区块链技术的应用探索。这个阶段在区块链上诞生的比特币，实现了支付与流通等数字货币的职能，属于区块链早期阶段，实现了分布式账本记账、分布式点对点支付以及

---

① 卡林顿事件：英国有一位叫卡林顿的天文爱好者，于1859年9月1日早晨，卡林顿观测太阳黑子时发现了一次强大的太阳风暴，有可能给地球带来一场灾难。它会危及人造卫星和宇宙飞船，使无线电通信中断，还会破坏输电设备。仅在数小时内，10亿吨等离子体从太阳中迸射而出，在太阳表面形成强烈的光斑。这是英国天文爱好者理查德·卡林顿在伦敦观测到的现象，后来被命名为"卡林顿事件"，它帮助科学家们提出"太空天气"概念：太阳在地球大气层外引发地磁活动。

图 1-3 区块链的演进

造币功能。比特币是区块链 1.0 上诞生的第一个应用，在其启发下催生了大量的数字货币和交易平台的诞生。比特币依据的哲学思维是不受中心化控制、无主权国家的数字货币的形态，其目标是未来的货币不再依赖于各国央行的集权式发布，而是进行全球化的无主权化的货币应用。区块链 1.0 阶段可以说是数字货币的时代，也出现了大量山寨币，是风险与机遇并存的时代。

◎区块链 2.0

智能合约时代，开启了"代码即法律""代码即信任"的时代，以太坊公链平台上智能合约的应用成为区块链技术 2.0 的核心和精髓，实现了合约的编程环境，开启了智能合约时代，实现了金融领域更加广泛的应用场景。可以看出区块链对于金融场景有强大的天生优势，如跨境支付的转账，以前银行需要打通各种环境，解决货币兑换、转账操作、跨行问题等，而区块链实现的点对点的操作，避免了第三方的介入，直接实现点对点的转账，提高了工作效率，节省了成本。依托智能合约为整个价值互联网应用市场去中心化，而不仅仅是货币的流通，可以利用区块链技术实现更多数字资产的转换，从而创造数字资产的价值。所有金融交易、数字资产都可以被改造后在区块链上使用，如股票、私募股权、众筹、债券、对冲基金、期货、期权等金融产品，或者数字版权、证明、身份记录、专利等都可以上链存储记录。智能合约应用拓展了区块链技术的深度和广度，让区块链技术不仅仅是数字货币的应用，还提供了更多的其他生态场景的区块链应用与探索。

◎ **区块链未来**

区块链技术进入与实体经济、实体产业相融合的时代，将分布式记账、智能合约和实体领域相融合，实现了去中心化的自治，发挥区块链的价值。经历了区块链1.0的萌芽和区块链2.0智能合约在金融生态的应用演进，未来进入区块链引领的价值互联网时代，人类社会将从信息传输与交流的互联网时代进入可信价值互联网时代，开启了区块链在金融行业之外的其他行业应用探索，促进其他行业提质增效。可信价值互联网时代将减少中间环境，不再需要第三方信用背书，提升了生产力和生产效率，足以推动更大的产业变革，赋能更多行业应用，改变生活的方方面面，正如智能手机的出现改变了整个通信行业、生活模式以及生态应用。

二、区块链的技术原理

（一）比特币 ≠ 区块链

俗话说，外行看热闹，内行看门道。很多人看到的是数字货币的大繁荣与大发展，尤其是比特币被炒到最高6万美元一枚以后，整个社会对于比特币的关注度急剧上升。对于追求技术创造美好生活的区块链圈而言，技术才是根，才是纯粹的灵魂，才是促进人类进步的阶梯、服务实体经济的根本。中国需要更多的技术专研人才，也需要基础科学的提升，保持一种纯粹的学术追求，对身外之物云淡风轻，才能真正培养出世界级的科研人才。

大道至简。区块链技术起源于比特币（BTC），比特币系统的设计已经成为其他行业应用的灵感来源。区块链作为早期加密数字货币的底层技术，是当下与人工智能、大数据、云计算等比肩的热门技术之一，其本身是依靠多种历史上成熟的技术组合形成的科技新产物。正如一座大楼是钢筋、水泥、砖，加上建筑师的设计，然后这些材料经过工人的建筑就形成了大楼，犹如搭建乐高积木。区块链所应用到的很多技术已经成熟，多种技术组合搭建形成新的技术产品，将已经成熟的分布式网络技术、加密解密技术、哈希算法、数字签名、时间戳服务器、智能合约、共识机制等多种技术组合在一起，就诞生了统称为区块链的科技作品。作为第二代可信价值互联网的基础底座，犹如一个画布，在上面可以形成更多的产业应用。

比特币≠区块链

从科技层面来理解区块链，区块链涉及的学科范围比较广泛。区块链涉及数学、密码学、哲学、互联网和计算机编程等很多科学技术，可以说是一个涉及了多学科的综合科技产物。人类生存于自然，实践于自然，区块链的基础也借鉴于大自然与人类社会的进化模式，如蜂群蜜蜂的分布式管理以及群氓的集体智慧。整个人类社会与自然界也形成相似的情景，分布式、去中心化、弱中心化、集体共识机制等，从非中心边缘到中心再到非中心边缘，从去中心化形成失控到中心化控制再到去中心化失控。区块链整个基础技术架构也是分布式网络架构、去中心化、弱中心化，这看上去与大自然中的蜜蜂的分布式管理有着天然的相似性巧合。蜜蜂集体活动，但也各自决策，看上去蜂群整个体系具有去中心化、弱中心化、分中心、防伪、防篡改及共享、共识的特征。随着分布式网络技术的成熟，区块链技术借助分布式网络，实现点对点通信，从而实现了去中心化、弱中心化、分中心及共享、共识、共担的组织架构。万物都在进化，科技也不例外。技术进化的组合以及技术重混形成了区块链这个概念体。技术的演进促成了区块链成为现实，可以说组成区块链的核心技术临界点的到来是关键。

区块链组合应用的很多技术早已出现，技术组合的重混是实现奇点突破的关键。正如纽约大学经济学家保罗·罗默（Paul Romer）所认为，真正可持续的经济增长并非源于新资源的发现和利用，而是源于将已有的资源重新安排后使其产生更大的价值（《必然》，凯文·凯利著，第 8 章重混 Remixing，电子工业出版社）。增长来源于重混，"重混"是一股必然而然的改变力量，技术也不例外。技术增长的动态过程可以概括为一句话："所有的新技术都源自已有技术的组合。"现代技术是早期原始技术经过重新安排和混合而成的合成品。区块链技术也不例外，也来自已有技术的重混组合。它所用到的基础技术全是已经存在很久，并在各种互联网应用中被广泛使用的技术，这些基础技术包括 P2P 网络（点对点网络）、数字签名、哈希运算、共识算法以及智能合约等。

究竟什么是区块链？对于不是纯搞技术的普通大众而言，只需要从应用的视角理解其内涵，通过分层理解区块链的功能性特征和非功能性特征，不需要涉及更深层次的技术问题。就像普通大众去认知汽车，知道组成汽车的各个模块的主要功能也就能驾驭汽车。整个汽车也是各个功能模块组合封装衔接而成的产物，是技术重混而诞生的产物。区块链也是如此，名字只是个符号。简单来说，区块链是一个分布式共享公共账本（分布式共享数据库），比特币只是区块链技术上诞生的第一个应用。去中心化的这个共享账本与中心化账本不同，中心化的账本维护只是一个人维护，并不透明，而区块链技术上诞生的分布式共享公共账本，是居住在全球任何地方的用户加入点对点网络中，由用户集体维护的一个分布式的共享公共账本，大家都能看到，基于共识机制达成的统一意见都能维护并记账，从而在区块链网络上实现了全网去中心化、数据无法篡改、全程历史留痕、可溯源、网络集体维护、全网信息公开透明等特点。加入网络的任何人都可以随时查看这个分布式共享公共账本。区块链其实是一个依靠分布式网络（P2P 点对点网络信息传输）、加密技术形成的数据安全加密、哈希指针形成的数据指纹等一套组合技术形成的技术产品。数据全网共享，从而形成了一个共享的分布式数据库，存储于区块链网络上的数据具有"防篡改""可追溯""全网透明""全网历史留痕"等特征。可以看出区块链技术实现了陌生人与陌生人依靠技术建立的"信任"

基础，创造了陌生人与陌生人可靠的"合作"信任机制，具有广阔的社会应用价值。如图1-4所示，区块链利用分布式点对点网络（P2P网络）实现了去中心化，利用哈希函数实现了数据指纹，保障了数据不可篡改，整个链式结构依靠时间戳串联存储保障了全程留痕和可以追溯，加入的节点属于对等网络，集体维护分布式共享账本数据库，全网公开透明。

图1-4　区块链的特点

（二）区块链的基础架构

《比特币白皮书》作为区块链的重要指导，中本聪在早期设计这个电子现金系统时，其哲学思想是解决第三方背书的信任问题以及货币的超发问题，减少中介环节，开发一种完全通过点对点技术实现的电子现金系统。革新是为了不需要通过第三方金融机构进行支付，目标是让在线支付能够直接由一方发起并支付给另一方，让一切交易更简单、便捷的同时，又保护用户交易的隐私。随着线上生活场景的应用发展，虚拟世界的生活信任问题借助区块链技术去中心化、点对点、数据加密、不可篡改、全网广播、全网共识维护等技术，提升了人与人、企业与企业协作的可信生产关系，创造了可靠的"彼此信任合作"机制，带来了可信价值互联网时代，对整个信用体系的产业应用具有广阔的应用前景。如图1-5所示，区块链整个基础架构主要由六个层面组成，依次是数据层、网络层、共识层、激励层、合约层和应用层。

应用层	可编程货币（如BTC）	可编程金融（跨境支付）	可编程社会	……		
合约层	脚本代码	算法机制	智能合约			
激励层	发行机制	分配机制				
共识层	PoW	PoS	DPoS	……		
网络层	点对点网络	传播机制（如全网广播）	验证机制（如工作量证明）			
数据层	数据区块	哈希函数	Merkle树	时间戳	链式结构	非对称加密数字签名

图 1-5　区块链基础架构逻辑图

区块链的数据层和网络层也称为协议层，协议层犹如计算机或手机的操作系统，是计算机或手机的核心，也是最底层基础系统保障的基础，它维护着网络节点的通信，仅提供API供调用功能。如智能手机的客户端安装的APP应用程序（如微信、银行软件、客户端应用的钱包）就是便于客户应用，其调用的是协议层的核心，客户端应用的钱包功能从用户的角度而言是为用户提供如下服务：建立钱包地址、验证用户的签名、帮助用户转账支付以及帮助用户查看余额等服务，是用户与协议层交互的桥梁。客户端引用的钱包可以为用户提供所需的网络环境，搭建交易互联互通的渠道，制定区块链节点上的奖励规则等。协议层的主要功能包括网络编程、分布式算法、加密签名，为区块链各节点提供数据存储等。协议层开发重点考虑网络编程的编程语言，选择适合的网络编程语言可以高效地提供网络通信功能。协议层中的分布式算法是从业务逻辑考虑设计实现，其主要属于业务逻辑上的功能实现。协议层中的加密签名技术是历史上已经成熟的技术，可以直接使用，没有太多发挥的余地。整个体系架构中数据库技术也主要在使用层面。对于整个区块链技术而言，提升效率很关键，点对点网络的实现和并发处理是开发的难点。

利用区块链技术开发的应用产品，其系统的整体性能主要取决于网络或数据存储的 I/O 性能（所谓 I/O 正如高速公路的通道），其中网络 I/O 优化空间一般不大，但是用户本地数据存储的 I/O 通道是可以通过优化提升效率的。分布式算法、加密签名等主要在实现点对点网络的应用中使用，属于网络层的部分，也是整个区块链系统中编码的重点和难点。

区块链的核心部分为 P2P 网络、分布式数据库、共识算法、加密签名等。下面对区块链基础架构逻辑图中的各层进行详解。

◎ 数据层

区块链中各数据区块链依靠哈希指针建立上下文关联，哈希指针是各数据区块的数据指纹，任何修改都会导致哈希指针的值变动。数据层中的数据区块是组成区块链的数据基础，其包括创世数据区块（第一个诞生的区块），其余生成的区块通过哈希函数生成数据指纹，实现各数据区块之间的链接。

哈希函数：哈希函数可以说是密码学中的"瑞士军刀"，哈希函数中的哈希指针是一种数据结构，实现了数据指纹功能，确保了唯一性。哈希指针不但可以指向数据存储的位置，还可以明确某个时间戳下该数据的哈希指针。普通的指针只是告诉你数据存储位置，哈希指针不但可以告诉你数据存储位置，还可以提供一种方式，帮助你验证数据没有被篡改过。通过哈希指针构建一个链表，我们将这个数据结构称为区块链。区块链之间通过哈希指针防范篡改，在区块链中，上一个区块指针被置换为哈希指针。通过此哈希指针不仅能知道上一个区块的值在哪里，还能知道该值包含的摘要，使我们能够验证哪个值没有改变。由于哈希函数具有碰撞阻力，创世区块的哈希指针（也就是链表的头部区块）存储在对手无法改动的地方，也就是说锁定了区块链的头部数据，任何除创世区块的数据块改动都会引起下一个数据块的哈希指针变动，导致哈希指针不正确，达到链表头部时，这个策略将会失败。可以看出对手即使修改了所有哈希指针使其与修改过的数据一致，那么他也无法修改创世区块也就是头部数据，从而我们可以检测到篡改行为。依据这个特性区块链，实现了数据防篡改行为。

梅克尔树：通过哈希指针建立的数据结构是二叉树，使用哈希指针的二叉树称为梅克尔树（Merkle Tree），以其发明者 Ralph Merkle 的名字命名。分布式网络上创造的数据一直在增长，存储数据不可能无限制，通过梅克尔树可以回收硬盘空间，如《比特币白皮书》中所言，最近的交易已经被纳入了足够多的区块之中，就可以丢弃该交易之前的数据，以回收硬盘空间。为了同时确保不损害区块的随机散列值，交易信息被随机散列时，被构建成一种梅克尔树的形态，使得只有根（Root）被纳入了区块的随机散列值。通过将该树（Tree）的分支拔除（Stubbing）的方法，老区块就能被压缩。而内部的随机散列值是不必保存的。

◎ 网络层

通过点对点网络、全网广播传输机制和验证机制实现网络效力互联。

◎ 共识层

共识机制是实现去中心化的灵魂模式，涉猎区块链或加密货币时，经常会遇到 PoW、PoS 等名词。PoW、PoS、DPoS，用一句话概括就是区块链的三种主流共识机制，是解决区块链去中心化的。多人协作达成意见一致时，需要一个共识规则。区块链通俗地说就是一个去中心化的账本，只是这个账本与传统账本不同，不是由会计或少数几个人来记账，而是人人都可以参与记账。而且，这个记账需要一个大家都认可的规则，即"怎样记账才有效"，而这个大家认可的规则就是区块链的共识机制。PoW、PoS、DPoS 分别代表区块链网络的三种主要记账规则，它们的作用非常大，直接关系到记账权和相关收益的分配，共识机制可以说是区块链的灵魂。

区块链依靠共识机制技术完美解决了"拜占庭将军问题"。这个问题在中本聪发明比特币以前，世界上并没有一个非常完美的方法来解决"拜占庭将军问题"。

拜占庭将军问题（Byzantine Failures），是由莱斯利·兰伯特（Leslie Lamport）提出的点对点通信中的基本问题，指在存在消息丢失的不可靠信道上，试图通过消息传递的方式达到一致性是不可能的。拜占庭将军问题也被称为"拜占庭容错"，是 Leslie Lamport 用来描述分布式系统一致性问题（Distributed Consensus）。

拜占庭位于如今土耳其的伊斯坦布尔，是东罗马帝国的首都。由于当时拜占庭罗马帝国国土辽阔，为了达到防御目的，每个军队都分隔很远，将军与将军之间只能靠信差传消息。在战争的时候，拜占庭军队内所有将军和副官必须达成共识，衡量是否有赢的机会再去攻打敌人的阵营。但是，在军队内可能存有叛徒和敌军的间谍，左右将军们的决定，又扰乱整体军队的秩序。在达成共识时，结果并不代表大多数人的意见。这时候，在已知有成员谋反的情况下，其余忠诚的将军在不受叛徒的影响下如何达成一致的协议，就形成了拜占庭将军问题。

拜占庭将军问题其实就是一个多方合作如何达成意见一致的决策问题，应用在区块链中，就是加入区块链的各节点共同遵守已经达成的协议规则，从而让分散在不同地点的部队统一行动的问题。这些将军带领的部队其实就相当于点对点网络中的节点，一个客户端，延伸到互联网生态中各分散的节点，加入点对点网络，当需要与不熟悉的用户进行信用价值交换信息时，人们如何才能防止不会被其中的恶意破坏者欺骗、迷惑从而做出错误的决策，这就需要有一个大家都认可的协议来解决这个问题，比如 10 支军队去进攻一个城市，如果有 6 支军队同意就执行决议，这 10 支军队，同时进攻这个城市。

究其根底，拜占庭将军问题最终想解决的是信任问题，互联网交易、合作过程中彼此信任才能完成交易与合作，需要确保互联网上节点信息发送的身份可追溯，信息具有私密性，不可篡改、伪造的签名，以及发送信息的规则。

第一讲
区块链是领导干部把握前沿技术的核心科技

在区块链技术中诞生的比特币,通过引入共识机制来解决各节点如何彼此信用、意见达成一致的问题。比特币系统引入的共识机制是工作量证明(Proof of Work,PoW),它解决了各节点交互信息意见如何达成一致的问题,进而达成一致的行动。就区块链技术上诞生的比特币来说,每一个加入点对点网络上的节点,其实就是拜占庭将军问题中的一个将军,这个将军就是点对点网络中的一个节点,这些节点分布在世界各地,无法聚在一起,达成一致的协议依靠区块链技术中引入的共识机制。在比特币之前,解决分布式系统一致性问题一直没有合适的方法,直到中本聪的出现,其在《比特币:一种点对点的电子现金系统》白皮书中创造性地引入了"工作量证明(PoW)"来解决这个问题。所谓的工作量证明就是解答数学难题,谁先解答出正确的答案就全网发布,通过工作量证明增加了发送信息的成本,降低了节点发送消息的速率,这样就可以保证在一个时间只有一个节点在进行广播,同时在广播时会附上自己的签名,全网进行确认。工作量证明相当于读大学四年本科毕业,其毕业后发的毕业证书就是一个工作量证明,通过工作量证明也帮助防范了作恶,提高了作恶节点的成本,也就能杜绝办假证。在工作量证明下,只有第一个解答出数学难题的节点,才能向区块链网络全网广播并提交自己的区块。在整个比特币系统中,引入工作量证明竞争难度非常大,需要很高的算力,如果不成功,其算力就白白地耗费了(算力是需要成本的,这里消耗的是电力),用这样的方式作为诚实的节点验证,对解答出数学难题的给予比特币奖励,从而获得更大的收益。因为不作恶能获得丰厚的回报,大过作恶带来的回报,整个系统也因此而更稳定。

由于区块链上诞生的比特币引入的工作量证明造成巨大的电力浪费,促使人们去探索新的解决一致性(共识)问题的机制:权益证明机制(Proof of Stake,PoS)则是一个代表。从拜占庭将军问题的角度来看,它同样提高了作恶的成本。

共识机制的算法核心就是解决拜占庭将军问题(分布式网络一致性问

题），而无论工作量证明（PoW）还是权益证明（PoS）目的都是提高作假成本，从而保证超过51%的节点都是诚实节点，达到共同维护区块链账本的结果。中本聪为了解决分布式系统中的拜占庭将军问题，开创性地提出的工作量证明机制是区块链的灵魂。

工作量证明（PoW）：本科毕业证证明了四年大学学习的工作。区块链上的工作量证明也需要做工，顾名思义就是要干活，天下没有免费的午餐，在比特币网络中要做的就是全网节点共同算一道数学题，谁先算对，谁就能获得发出一条消息的权利，并且系统还会给算对的节点额外奖励；然后全网节点在这条信息确认之后开始计算新的数学题。

◎ 激励层

发行机制和分配机制。

◎ 合约层

脚本代码、算法机制和智能合约。

◎ 应用层

可编程货币、可编程金融、可编程社会等。

区块链具有全网数据公开、透明、加密、可追溯等特征，并依据共识算法达成意见的统一。其技术包含点对点网络设计、加密技术应用、分布式算法的实现、证明机制的应用、智能合约的应用、数据存储技术的使用等多个方面的组合应用。区块链犹如建筑的图纸，本身作为一个多种技术组合的架构，无论技术开发人员擅长什么编程语言，都能够参考这种基础的技术架构，在其上构建行业应用。比如借助区块链实现的"区块链+电子发票""区块链+政务服务""区块链+跨境支付""区块链+数据共享"等应用。

从应用视角来看，区块链本身就是一个分布式网络形成的共享数据库，具有去中心化、数据不可篡改、全程历史留痕、可溯源、全网集体维护、公开透明等特点。这些特点保证了区块链的可"信任"，解决了现实中信息不对称、不信任等问题，实现多个现实世界与虚拟世界之间的协作信任与行动一致。其基于点对点网络技术、加密技术、哈希算法、时间戳技术、工作量证明技术等电子现金系统的构架理念是区块链形成的基础架构，其他行业的应用基本上灵感来源是基于中本聪的论文《比特币：一种点对点的电子现金系统》(《比特币白皮书》)的基础架构而形成的拓展应用，核心没有变，其设计思想的本质是依靠科学技术解决现实社会和虚拟社会的彼此"可信"难题，从而提升效率、节省成本。

未来，可信价值互联网时代皆数在流动，此数非彼数，而是经过密码学加密、防伪以及防篡改的数据流动。一切服务都将是数字化服务，一切证明都将是数字化证明，一切变革都将是围绕数字化、建设数字化、智能化到智慧化的社会生态演进的过程。区块链技术的价值正如梅特卡夫定律（Metcalfe's law）：一个网络的价值等于该网络内的节点数的平方，而且该网络的价值与联网的用户数的平方成正比。该定律指出，一个网络的用户数目越多，那么整个网络和该网络内的每台计算机的价值也就越大。加入由区块链形成的分布式点对点网络的用户节点越多，区块链就越有价值，也越安全。

三、区块链技术的集成应用在新的技术革新和产业变革中起着重要作用

科技正在重塑未来世界的形态，如图1-6所示，随着大数据、云计算、人工智能、区块链、量子通信等科学技术的发展，多种技术的组合重混应用正在创造新的技术革新，引领产业变革。比特币作为区块链技术的第一个成功应用，为区块链技术在其他领域的使用和推广带来了启迪。从最初的加密数字货币到后来的金融应用，再到当今在各行业领域的广泛使用，区块链技术正以其独特的价值影响和改变着整个产业生态。

| 科技正在重塑未来世界的形态 |
| 大数据　云计算　人工智能　区块链　量子通信　…… |

图1-6　科技正在重塑未来世界的形态

可信是一切信息交流的基础，区块链技术引领了可信价值互联网时代的到来，拉开了可信价值互联网时代的序幕。人类社会从信息互联网进入可信价值互联网时代，产业协同真正的互联网化，提升了生产效率和生产力。

未来只要涉及多方协同、陌生人或陌生企业之间不存在一个可信中心的场景，就可以依靠区块链技术建立可信价值互联网，协作建立信任基础。区块链技术解决了价值传递的技术难题，让互联网拥有更广阔的产业应用场景。基于区块链技术的产业应用将带来巨大的模式创新，改变人们的认知和生活，并将颠覆原有的产业模式。如图1-7所示，区块链底层技术带来的应用趋势，引领了数字货币、供应链、政府服务、能源、存证及版权、数据共享、资产交易结算与支付、跨境支付、产品溯源等产业的应用，从而实现了稳定、高效、丰富的服务。

图1-7　区块链底层技术带来的应用趋势

区块链上的生态已经丰富多彩，区块链在公有链、联盟链和私有链的应用已经如火如荼，它们在区块链领域中都各有不同的应用场景，依据链的特性选择合适的场景应用，将帮助产业更好地发展。随着数字化时代的发展，数据的真实性最重要，正如人与人的交往，信任是基础。区块链技术将提升生产力，改造行业服务，实现生产效率的大大提高。人们在交往中每减少一个中间环节及中介环节，其效率就会大大提升，同时减少了成本支出，相关产业就会提升生产效率和生产力。人类进入以信息技术为主导的第四次工业革命后，区块链数字化进程助力可信价值互联网时代的工业变革。

当人们回到现实的应用场景中，更能体会到区块链带来的产业巨变。只有多层面、多维度去了解区块链这个行业，才能不被时代淘汰，正如未来的市场是Z世代的这群人〔Z世代（1995—2000年出生的一代人），据国家统计局的数据，这代人规模达到2.6亿，不管是人口规模还是消费潜力，Z世代都代表未来〕。

万物皆数，有数据的地方就会有区块链场景的用武之地。由于区块链技术具有对数据的天然特性，可以在无须第三方信用背书的情况下，实现系统中所有信息的公开透明、全程留痕、不可篡改、可追溯、去中心化，这也让区块链作为一种底层核心技术方案可以有效地解决信任问题，实现可信价值的自由传递并流通。当今，区块链技术在数字货币、金融资产的交易结算与支付、数字政务、存证防伪、数据溯源、能源等数据服务领域，都具有广阔的应用前景。

◎数字货币

随着可信价值互联网时代的到来，金融行业也在发生着深刻的变革，金融行业已经进入数字化、智能化、便民化、无纸钞时代。随着央行数字货币的发行应用，可以预见未来数字货币会成为使用频率最高的货币，纸钞将有可能成为历史的记忆。未来数字货币将助力数字化转型，成为数字经济发展的推动器。目前，数字货币还处于早期的黎明前夜。智能手机以及智能化设备的普及加速了数字化进程，从而也促进了数字货币的推广与应用。数字货币与实体货币相比，易携带并方便存储，降低了流通成本，提高了交易效率，易于防伪和管理，打破了地域限制等，从而更好地服务未来的数字化场景、服务实体经济。

早期诞生的比特币系统构建了无须第三方信用背书、交易双方可以直接相互转账的电子现金系统。无论是比特币，还是其他数字货币，其依托的底层技术都是基于区块链技术。我国于2014年就开始了央行数字货币的研制。我国的数字货币DC/EP采取双层运营体系，央行不直接向社会公众发放数字货币，而是由央行把数字货币兑付给各个商业银行或其他合法运营机构，再由这些机构兑换给社会公众供其使用。目前，我国正在分布试点法定的数字货币在小额支付领域的应用，同时也在加快推进国家法定数字货币研发步伐。

提起数字货币领域，大家经常就会听到钱包，其实钱包是存储区块链资产的，依靠钱包的地址、公钥、密码、私钥、助记词、密钥库等可以实现钱包资产支付交易的存取功能。为便于理解，以银行案例举例，大家都知道第一次去银行，银行会让客户提供身份信息，填写相关身份表格录入系统，然后给客户开立银行账户。其实数字钱包的公钥功能就像银行账户，数字钱包的地址就对应于银行卡卡号，属于客户私有，可以实现客户资产的存取交易等功能。数字钱包的地址是由公钥通过计算得来，就像银行先给客户开户，后给客户银行卡卡号一样。数字钱包地址的主要用途是收款和转账的凭证。正如A客户打钱给B客户，需要B客户告诉A客户银行卡卡号、姓名一样。客户重点要保护好私钥，私钥相当于是银行卡卡号＋银行卡密码。

◎ 金融资产交易结算与支付

区块链技术诞生于比特币，天然具有为金融所用的属性，可以对未来金融行业产生颠覆式变革与深远影响，尤其在支付结算方面，打破第三方信用背书的中介环节。借助区块链的分布式账本，可以让市场上多个参与者共同维护并实时同步一份"总账"，短短几分钟内就可以完成现在需要两三天才能完成的跨界支付、清算、结算任务，提升了效率和客户体验，降低了跨行跨境交易的复杂性以及成本支出。区块链依托密码学技术保证了参与者信息的安全，防范了篡改账本的行为，全网广播透明化确保交易记录全网确认。借助区块链技术，监管部门更方便追踪链上交易，快速定位高风险资金流向，防范欺诈行为。对于证券发行行业，传统股票发行流程长、成本高、环节复杂，区块链技术能够减少环节并弱化承销机构作用，帮助建立快速准确的信息交互共享通道，发行人借助智能合约自行办理发行，监管部门依靠区块链数据特性统一审查核对，借助去中心化特性，投资者也可以绕过中介机构进行直接操作。对于数字票据和供应链金融，借助区块链技术可以有效解决中小企业融资难、融资贵等问题。目前的供应链金融很难惠及产业链上游的中小企业，由于这些中心企业跟核心企业往往没有直接贸易往来，金融机构难以评估其信用资质。应用区块链技术可以建立一种企业上下游之间以及企业与金融机构之间形成的联盟链（联盟链有对应的企业或机构组织，通过授权后才能加入，而公有链全球各个节点可以自由加入与退出，无须授权；区块链上的第一个应用比特币系统就是在公有链上诞生的，全球任何用户都不需要授权就可以自由加入或退出网络），从而实现核心企业、上下游供应商、金融机构等全部交易在区块链上的透明化、全程历史留痕、数据不可篡改、可追溯上下游关系，实现了交易的真实性与业务的真实性。核心企业发放应收账款凭证给其供应商，从而作为业务真实性证明。对企业票据，可以让票据上链，发放数字化票据，从而可实现供应商之间票据流转，同时供应商可凭数字票据证明实现对应额度的融资需求。

◎ *数字政务*

政务的智能化、便民化是大趋势。借助区块链技术可以让人们少跑路，数据多跑路，减少中间人为验证环境，大大精简办事流程。通过区块链技术可以让政府部门上链协办业务，实现一链通协办，所有办事流程交付给区块链上的智能合约，办事人只要在一个部门通过身份认证，全网就可以协同通办，符合智能合约约定的自动流转到下一个环节处理，整个业务流程靠自动化完成所有审批和签章。区块链技术开发票是国内区块链技术最早落地的应用，深圳税务部门推出区块链电子发票"税链"平台，税务部门、开票方、受票方通过独一无二的数字身份认证加入"税链"网络，真正实现"交易即开票""开票即报销"一秒级开票、分钟级报销入账，大幅降低了税收征管成本，节省了人力和物力，提升了效率，减少了报销的复杂性以及发票的验证，有效解决了防篡改、一票多报、偷税漏税等问题。扶贫是区块链技术的另一个落地应用，利用区块链技术的全网公开透明、可溯源、不可篡改等特性，实现扶贫资金的透明使用、精准投放和高效管理，便于执行和监管。

◎存证防伪

依托区块链技术哈希函数生成的数字指纹与时间戳证明，可以让某个文件、作品、产品、产权或者数字内容在特定时间的存在记录在区块链上。整个区块链全网公开透明、防范篡改、可溯源等特性为司法鉴证、作品确权与鉴定、身份证明、产权保护、产品质量追踪、防伪溯源等提供了数字化凭证。当前，知识产权保护已经提上日程，加大知识产权领域保护力度，依托区块链技术实现存证防伪的数字化链上存证凭据，对文字、图片、音频视频、作者信息等进行区块链上存储、记录、确权，从而防范知识产权的滥用、剽窃以及产权所有人证明。依托区块链上生成的数字化凭证，实现证据链，从而便于取证，同时实现了确权、交易和维权三大场景。

在防伪溯源领域，区块链有着天然优势，依托区块链技术提供产品上链，实现产品跟踪。未来可以广泛应用于农产品、救助资金发放、食品医药、酒类、奢侈品等各领域的产品溯源。

◎数据服务

未来，大数据应用最重要的是如何保障数据的真实性，依托区块链技术实现数据防篡改、全网流通与共享。随着互联网、移动互联网、云计算、物

第一讲
区块链是领导干部把握前沿技术的核心科技

联网、5G、量子技术、人工智能等科学技术的应用，未来将进入数字化、智能化与智慧化的万物互联的时代，更多场景的应用将会产生海量数据，以现有的中心化数据存储将无法满足未来需求，基于区块链技术的边缘存储有望成为未来的解决方案，基于分布式存储的IPFS协议的数据存储将大有用武之地。

依托区块链技术数据共享、防篡改以及可追溯，实现数据更便民化、更安全。同时，区块链与大数据、机器学习、深度学习、人工智能等相关技术相融合，为场景应用提供了数据的真实性。用户信息越来越受到法律保护，防范违法数据滥用是区块链的一大特性。借助区块链可以在保护用户数据隐私的前提下，实现多方协作的数据分析、数据挖掘与应用，帮助解决各自为政形成的"数据垄断"和"数据孤岛"问题，实现数据像水一样按需流通。

未来，数据将成为最重要的资产。有数据的地方，区块链就会大有用武之地。当今，银行、供应链、产品溯源、质量管控、慈善公益、保险、能源、物流、物联网等诸多领域已经有区块链的很多应用场景，为数字化经济转型提供了可靠的技术支撑。

区块链对上链的数据都加入了时间戳，沿时间历史记录数据。在区块链上的一切数据只能读取和写入，不能进行修改和删除。在应用层面，区块链通过加密算法和共识机制保障了数据安全、全网透明、高效协作，特别有助于金融行业监管和规范的发展。运用区块链提供的分布式数据库和智能合约可以实现数据共享与协同办公，大大减少人工核验的成本，提升了效率。

区块链与大数据、人工智能、云计算、5G通信、物联网、移动互联网、量子通信等技术经过技术组合重混的应用将加速社会进化，带来产业变革以及社会变革，尤其可能打破人们现在所处的社会生活模式，颠覆我们当下的认知。未来区块链上，有可能会生成更好的加密数字货币，取代现有的纸币模式，因为万事万物都在进化。人类也在随着科技的进化而进化，走向更广阔的领域，把视野投向星辰大海、投向宇宙之中，也许我们就会豁然开朗，感知到技术引领带来的产业巨变，现在的区块链正像早期出现的互联网，大多数人看不清也看不起一样，随着时间的推移，一切都会验证区块链技术会颠覆现有的产业变革。

原来旧有的认知、观念、视野和格局有可能都是错误的，一切都在进化，宇宙之中每天都有新的事物诞生与消亡，人的行为方式和新事物总是存在，并将始终取代旧的行为方式和旧事物，接受进化。提前拥抱区块链技术，将更好地让区块链技术服务产业发展，革新除弊，提质增效。

第二讲

区块链技术的发展现状和趋势

第二讲
区块链技术的发展现状和趋势

区块链的诞生,在人类社会发展史中具有重要的里程碑意义,标志着人类开始构建真正的可信价值互联网,其对经济社会发展的重要作用已经得到全球各国的普遍认同。区块链技术作为第二代互联网的基础设施,具有广阔的发展前景。我国目前积极拥抱区块链技术,从中央到地方全面启动区块链产业生态部署,在区块链政策方面都给予了积极探索。甚至有人认为,蒸汽机提升了人类的生产力,电力解决了人类基本的生活需求,互联网彻底改变了人们信息传递的方式,区块链构建了第二代可信价值互联网时代。

一、全球主要国家地区区块链发展现状

回顾人类历史上发生过的重大科技革命,每一次科技革命都带来深刻的社会变革和产业变革,从而带来新的商业模式,提高生产力,改善生产关系。

18世纪末,随着蒸汽机的发明和使用,人类进入"蒸汽时代",引起了第一次科技革命,以大规模的工业生产代替个体手工生产。

19世纪末,电磁学从理论走向实践,发电机、内燃机、电灯等重要发明相继问世,人类进入"电气化时代"。电力的发现和使用引起了第二次科技革命,生产力得到质的飞跃。

20世纪中期,随着计算机、原子能、生物工程、航空航天等深入发展,人类进入"信息化时代",尤其电脑、能源、新材料、空间、生物等新兴技术,引起了第三次科技革命,人类的生产生活水平得到大大提高。这次科技革命

无论在规模、深度与影响上都远远地超过前两次。

以互联网化、数字化、智能化、智慧化为标志的第四次科技革命，已经深刻影响人类社会更广阔的领域。随着大数据、云计算、人工智能、区块链、物联网、5G 通信、量子通信、机器人等技术得到飞速发展，人类生活更便捷，数字化、自动化、智能化与智慧化成为未来社会的大生态，从物理现实进入虚拟现实，虚拟经济与实体经济相结合，引领了未来的经济模式。机器人、无人机、无人驾驶、医疗智慧大脑、城市智慧大脑、区块链建立的可信价值互联网基础设施等逐渐影响并颠覆现有产业，未来的产业生态都将被重塑。

放眼全球工业 4.0，智能制造成为未来大趋势。在数字化转型背景下，区块链技术与工业互联网结合将是数字化浪潮下工业体系、互联网体系与区块链技术深度融合的应用，是促进我国工业高质量发展、加快新旧动能转换的关键抓手。

区块链与工业互联网结合提升智能制造，为实现未来经济高质量发展提供新支撑。我国经济已由高速增长阶段转向高质量发展阶段，发扬工匠精神，提升高质量制造业是未来实体经济的主体。工业互联网与区块链技术组合应用具有较强的协同性，提升科技渗透性，为能源、交通、农业等实体经济在各领域数字化、网络化、智能化升级，提供必不可少的新型基础设施，成为高质量转变发展新模式。智能设备数据传输与交互可以依托区块链技术打破"信息孤岛"，促进数据共享，实现智能协同制造，从而更高效率、更加精准地提升工业化科技协同应用。

由于工业互联网之间交换的设备比较多，依托区块链技术对设备数据加密，可以实现设备数据之间的安全交互通信。工业互联网与区块链通过跨设备、跨系统、跨厂区、跨区域的全面互通、智能互联、全面连接，驱动工业数据充分流动，实现数据共享与协同。

工业互联网是智能制造的基础底座，属于未来数字经济发展的新蓝海。工业互联网与区块链技术的融合应用，极大地开拓了网络空间的应用边界，

第二讲 区块链技术的发展现状和趋势

将网络的连接对象从人延伸到机器设备以及产品，从而真正实现将互联网应用领域由虚拟扩展到实体经济。数据的连接量、交互量、计算量均会呈现出指数级爆发式应用增长。

经过多年发展，我国工业互联网已经进入高质量发展阶段，步入工业4.0阶段。区块链技术与工业互联网深度融合，将推动新一代信息技术与制造技术的联动发展与协同化促进。

工业互联网作为新一代信息技术与制造业融合发展的产物，为区块链应用提供了大量应用场景，加快区块链与工业互联网深度融合，有利于构建可信数据资源存储、管理和服务体系，推动工业互联网平台数据的归属确权、可靠交易和安全传输。当前，区块链技术蓬勃发展，已应用到金融、供应链管理、数字资产交易等多个领域，同时在工业互联网领域开始探索应用。

区块链受到全球瞩目，主要因为区块链解决了多方协调的信任问题，实现了信任的价值传递。正如TCP/IP协议是网络通信的基础，区块链是第二代互联网可信价值互联网传递的基础。人类进入可信价值互联网时代，本质是生产力的革命，生产力决定生产关系，生产关系反过来影响生产力的发展，先进的生产关系促进生产力的发展。区块链让每一个人都能参与其中，发挥主观能动性。我们可以看出，中心化的生产关系和组织方式已经不能适应生产力的发展，去中心化和弱中心化成为未来趋势。

科技基础设施的组合应用是关键，任何单独的技术应用都不可能解决所有的问题。区块链与大数据、云计算、人工智能、物联网、5G、量子通信等相关技术的组合应用更能发挥巨大价值，共同协作实现数据化、智能化到智慧化的转型之路。从全球来看，各国政府都开始加大对区块链产业的战略布局与基础研究的投资，从宏观的趋势来看主要有以下几方面。

（1）区块链从早期的数字货币发展阶段进入实体应用阶段，产业应用成为未来趋势。

（2）政府政务、金融、能源、物联网以及企业应用成为区块链的主要场景应用。

（3）区块链正在被各国认可，各国都在出台相关政策支持区块链技术的基础研究。无论是资金，还是政策上，都在提前布局，加大基础研究，占领未来技术最高点。

（4）区块链引领的去中心化模式带来一场新的商业模式变革，从信息互联网进入可信价值互联网时代，它将深刻影响未来以及产业变革。

（5）区块链技术逐渐成熟，应用领域越来越广泛，带来新的机遇与挑战。

（6）区块链标准规范的制定，将帮助各国更好地发展与应用区块链技术。

（7）区块链已经成为一种基础设施，正如互联网已经成为信息传递的基础设施一样。

区块链技术如今在很多领域得到了应用检验，具有广泛的应用场景，在很多领域都可以发挥重要的作用。

尤其在金融领域，区块链目前已经在跨境支付、国际汇兑、信用证、股权登记以及证券交易所等金融领域有着潜在的应用市场。区块链技术应用在金融行业中，可以省去第三方中介环节，实现点对点的直接支付、清算，从而大大降低资金成本，快速完成交易支付。如 Visa 推出基于区块链技术的 Visa B2B Connect，可以为金融机构提供一种费用更低、更快速和安全的跨境支付方式，来处理全球范围的企业对企业的交易。与传统的跨境支付需要等 3~5 天对比，区块链技术实现的跨境支付提升了效率，降低了金融支付交易费用。

区块链技术与物联网可以结合应用，帮助物联网上的数据安全加密传输，实现设备数据的安全传输。通过区块链可以降低物流跟踪成本，全面管理并追溯物品的生产和运送的全过程，提升供应链管理的效率。区块链依据一定的校验规则，实现全网的设备信息的校验与传递。这种特性在一定程度上提高了物联网信息的交互智能化与智慧化。

区块链可以说天然为数据应用而生，区块链与大数据的解决方案自动筛选过滤模式,在区块链中建立信用资源,可双重提高信息交易的安全性、数据共享性。区块链为大数据提供数据真实有效性的保障,大数据只有在数据真实有效的基础上才能发挥其价值。

建设以人民为中心的服务型社会,提升公共服务能力,更好地满足人们对美好生活的向往,区块链与政务系统结合,实现数据互联互通、数据交叉验证、数据安全防护,提升了公共管理、智能充电的能源管理、智慧交通的智慧管理水平等,从而让人们得到更便捷、更高效、更有温度的服务。

数字版权领域依托区块链技术,可以对作品进行上链存储、加时间戳、数据防伪,实现鉴权,对作品以及证明文件、视频、音频等借助区块链技术全程留痕,无法篡改,保证权属的真实、唯一性。尤其是对知识产品的保护,运用区块链技术确权后,后续交易都会进行实时记录,实现数字版权全生命周期管理,同时也可作为司法取证中的凭证。如美国纽约一家创业公司开发了一个基于区块链的元数据协议,这个名为 Mediachain 的系统利用 IPFS 文件系统(分布式文件存储协议系统),实现数字知识产权保护,其主要是面向数字图片类的版权保护应用。

保险领域区块链技术的应用也大放异彩,尤其保险理赔方面,传统的保险机构负责资金归集、投资、理赔,往往花费的时间长,客户体验不好,运营成本较高。依托区块链技术上智能合约建立的理赔规则,可以实现投保人的自动理赔服务,也无须保险公司批准,一旦触发理赔条件,就能实现保单智能化自动理赔服务。其中一个典型的保险应用案例是 2016 年由区块链企业 Stratumn、德勤与支付服务商 Lemonway 合作推出的允许人们通过 Facebook Messenger 的聊天功能,注册定制化的微保险产品,为个人之间交换的高价值物品进行投保,而区块链在贷款合同中代替了第三方角色。

在公益领域,大众需要有知情权,全面的透明化能够更好地促进公益领域的发展。依托区块链技术让公益领域全流程上链流转,其中的相关信息,如捐赠项目、募集明细、资金流向、受助人反馈等均可以存放于区块链上,依据区块链的溯源、时间戳、数据加密实现整个公益领域的全面监管,做到透明化、公开、公示,方便社会监督。

基于区块链技术的应用在经济社会发展中具有广阔应用前景,当前全球都在加大对区块链技术的基础研究与创新,产业应用如火如荼,尤其是欧美国家,在政策、资金、人才等投入上都比较大。世界各国都在提前拥抱区块链,如英国、美国、韩国、澳大利亚等国家都在政策上给予支持。迪拜通过建立全球区块链委员会,并成立包含30多名成员的区块链联盟发力区块链技术推广与应用。区块链目前主要涉及金融、政务、能源、医疗健康、数字身份等,根据全球对区块链的政策,可以看出各国政府在区块链政策方面提供了大力支持,加大产业布局,加强顶层设计。如图2-1所示,联合国2019年提出必须拥抱区块链技术,加强实现可持续目标;欧盟2020年启动多个区块链相关项目,激发中小企业使用区块链技术;美国对区块链技术保持谨慎的监管态度,按州进行政策布局;新加坡金融监管局于2020年1月28日宣布《支付服务法案》正式生效,该法案成为首个针对企业从事从数字支付到比特币和以太坊等代币交易活动的综合监管规定;德国2019年发布了《德国国家区块链战略》,率先将区块链上升到国家战略。

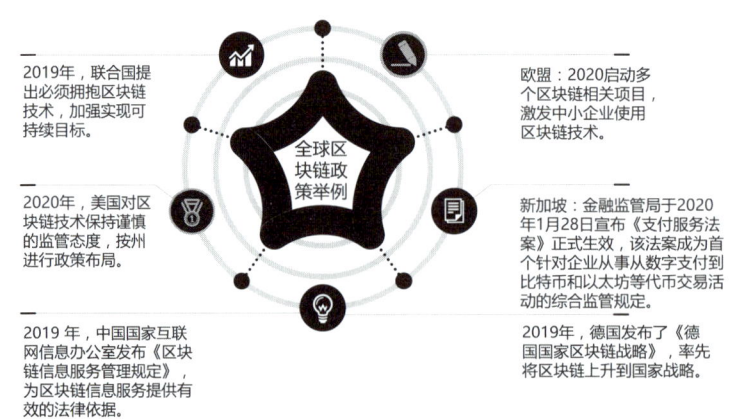

图2-1 全球区块链政策举例

第二讲 区块链技术的发展现状和趋势

随着积极推进区块链项目落地，各国政府部门发起或参与的区块链实验项目达 400 多项，主要涉及金融（包括央行数字货币）、公共服务、政府档案、数字资产管理、投票、政府采购、不动产登记、医疗健康等领域。其中，中国、美国、荷兰、韩国、澳大利亚、英国政府部门参与项目数量较多，在探索区块链技术研发与应用落地方面表现更加积极。2020 年实施的区块链项目数量已超过 2018 年之前的总和，区块链技术及应用受到各国政府的高度重视，应用普及率进一步提升，如图 2-2 所示，区块链在政务、金融业以及医疗健康行业的应用市场占有率较高。

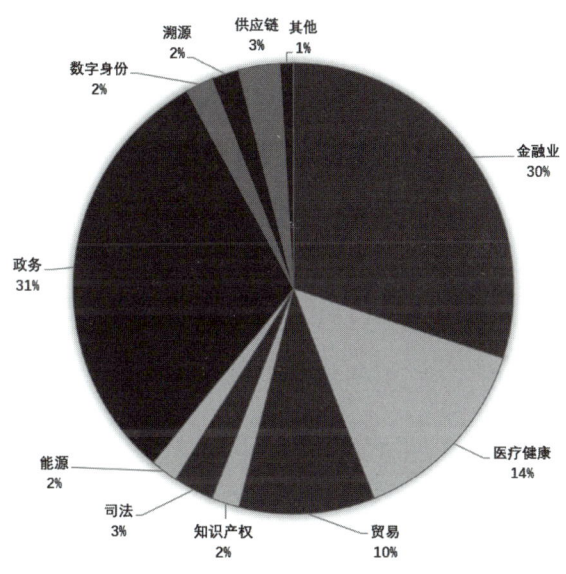

图 2-2 区块链项目行业分布

二、我国区块链发展现状与问题

目前，我国积极拥抱区块链技术，从中央到地方全面启动区块链产业生态部署，积极探索基于区块链的行业应用。2020年，我国各部委、各省政府及省会城市发布与区块链技术有关的政策、法规、方案文件达200多份，显示出我国各省市积极发展区块链产业，促进自有技术创新，鼓励区块链技术应用落地。如图2-3所示，各部委、北京市、河北省、江苏省、湖南省、广东省、海南省等发布了针对区块链产业发展的专项政策。

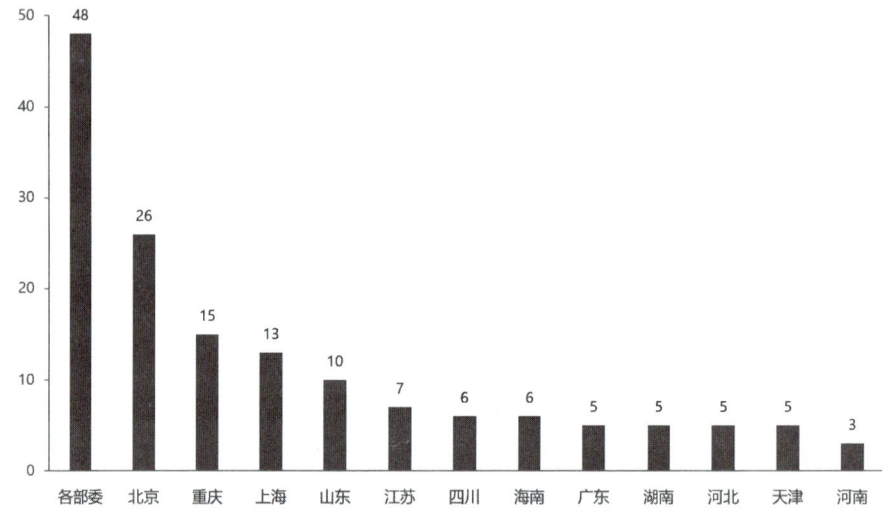

图 2-3　区块链政策文件发布数量比较

◎具体政策方面

自2016年以来，为顺应国家大力发展区块链的趋势，全国迎来了区块链政策支持，中央以及各地方政府纷纷颁布区块链相关政策。从2016年开始，区块链首次被列入国务院印发的《"十三五"国家信息化规划》。与此同时，各地政府纷纷建立区块链产业园，布局区块链应用落地。

北京：2020年6月30日，北京市人民政府办公厅印发《北京市区块链创新发展行动计划（2020—2022年）》。该计划指出，到2022年，要把北京初步建设成为具有影响力的区块链科技创新高地、应用示范高地、产业发展高地、创新人才高地,率先形成区块链赋能经济社会发展的"北京方案",建立区块链科技创新与产业融合互动的新体系,为北京经济高质量发展持续注入新动能、新活力。

深圳:2020年10月11日,中共中央办公厅、国务院办公厅印发《深圳建设中国特色社会主义先行示范区综合改革试点实施方案(2020—2025年)》。方案要求在中国人民银行数字货币研究所深圳下属机构的基础上成立金融科技创新平台。支持开展数字人民币内部封闭试点测试,推动数字人民币的研发应用和国际合作。

上海:2020年11月23日,上海市高级人民法院召开新闻发布会,通报《上海法院服务保障进一步扩大金融业对外开放若干意见》,此次发布的意见为中英文版,共24条,分四个部分,分别为进一步扩大金融业对外开放提供司法服务保障的总体要求、建立健全与进一步扩大金融业对外开放相适应的司法体制机制、加强相关纠纷案件审判执行工作,以及充分发挥司法在金融业进一步扩大对外开放中的协同治理作用。

该意见从打造金融审判创新试验区、支持金融科技开放创新、防范化解跨境金融风险等方面提出工作举措,提出促进大数据、人工智能、区块链、5G等新兴关键技术研发,保障金融科技市场公平竞争,推动技术创新与金融创新融合发展。

江苏:2020年11月11日,江苏省发布《江苏省区块链产业发展行动计划》。该文件指出,到2023年,全省产业布局合理,集聚效应明显,产业链协同发展,公共服务体系基本建立。区块链产业年均增速不低于15%,培育10家以上具有全国影响力的骨干企业,建成10个以上区块链创新服务平台,全省形成"1+3+N"产业布局,即争创1个国家级区块链发展先行示范区、3个省级区块链产业发展集聚区、若干个区块链技术创新应用试验区。

到2025年,全省区块链产业规模迈上新台阶,核心竞争力进一步增强,公共服务体系更加健全,产业生态更加完善。江苏成为区块链技术创新发展高地、产业集聚发展高地和融合应用示范高地。

海南：2020年11月16日，海口市正式印发《海口市加快高新技术产业发展的若干措施（试行）》，加快高新技术产业发展，支持集成电路、新一代信息技术、智能制造、服务外包、大健康等重点产业发展，有效期3年。支持新一代信息技术产业发展，新落户的云计算、大数据、物联网、区块链、5G等新一代核心技术领域企业，年市级财政贡献达200万元（含）以上且连续两年增幅均超过30%的企业，按上述两年新增市级地方财力贡献的3%给予成长奖励，奖励总额不超过500万元。

成都：《成都市区块链应用场景供给行动计划（2020—2022年）》以区块链应用场景供给为主线，明确区块链应用场景供给的十大重点领域，提出实施三大专项行动以及四项保障措施。通过区块链基础设施建设、解决方案征集、项目策划实施、示范场景打造，推动城市的发展战略和企业的市场机遇有机链接，形成应用场景到发展机会价值转化的生态闭环。力争到2022年，在政务服务、城市治理、新消费等领域打造30个区块链应用示范场景，建设2~3个区块链产业集聚发展区，将成都建设成为区块链技术创新先发地、区块链产业创新发展示范区。

重庆：2020年11月18日，重庆市人民政府印发《重庆市金融支持西部（重庆）科学城建设若干措施》。该通知指出，支持金融机构与金融科技公司共同探索大数据、人工智能、区块链等新技术在金融领域的应用。守住不发生区域性、系统性风险底线，稳妥开展金融创新，依托大数据、区块链、人工智能等手段，建立完善风险监测预警系统。

青岛：2020年11月19日，《青岛市推进新型基础设施建设行动计划（2020—2022年）》提出，要聚焦人工智能领域，建设人工智能创新中心、人工智能开源平台服务超市和开发者社区。依托中国链湾，探索基于区块链技术的政务服务和社会治理新模式，在政府重大工程监管、食品药品防伪溯源、电子票据、审计、公益服务事业等领域开展探索应用。

第二讲
区块链技术的发展现状和趋势

从中央层面来看，2019年10月24日，中共中央政治局就区块链技术发展现状和趋势进行集体学习。中共中央总书记习近平在主持学习时强调，区块链技术的集成应用在新的技术革新和产业变革中起着重要作用。我们要把区块链作为核心技术自主创新的重要突破口，明确主攻方向，加大投入力度，着力攻克一批关键核心技术，加快推动区块链技术和产业创新发展。习近平总书记指出，区块链技术应用已延伸到数字金融、物联网、智能制造、供应链管理、数字资产交易等多个领域。目前，全球主要国家都在加快布局区块链技术发展。我国在区块链领域拥有良好基础，要加快推动区块链技术和产业创新发展，积极推进区块链和经济社会融合发展。习近平总书记指出，相关部门及其负责领导同志要注意区块链技术发展现状和趋势，提高运用和管理区块链技术能力，使区块链技术在建设网络强国、发展数字经济、助力经济社会发展等方面发挥更大作用。

我国发展区块链的优势在于不仅高层重视，全国各省各地方都出台相应政策积极鼓励大力发展区块链技术应用，占领未来核心技术创新最高点，积极迎接并布局第二代可信价值互联网的到来。

当前，我国发展仍处于重要战略机遇期，机遇与挑战并存，机遇大于挑战。开启全面建设社会主义现代化国家新征程，实现高质量发展，任重而道远。作为前沿科技的集中体现，我们既要充分肯定取得的成绩，又要正视存在的困难和问题，更要深入分析当前区块链发展面临的"时"与"势"，切实把握大局，找准方向。

从客观上看，一是基层基础还不牢固。区域、城乡、部门数字化发展不平衡，工作质量参差不齐，总体水平不高。随着数字化的快速推进，政务云网支撑能力不足问题日益显现。数据资源汇聚不到位，质量不够高。数据开发利用不深入，数据价值发挥不充分。二是难点堵点尚未消除。区块链在深化"互联网+政务服务"、破解社会治理难题、优化营商环境等方面支撑作用发挥不够，互联网、大数据、区块链、人工智能与实体经济融合不深，企业和群众获得感不强。三是工作任务日益繁重。随着数字中国建设的深入实施，区块链工作对经济社会发展的参与度越来越高，任务越来越重。抓工作统筹、抓业务规范、抓提标提速，还需要全面发力、持续推进。

从主观上看，一是担当精神还有欠缺。一些地方和部门还没有将区块链工作摆上应有高度，机构设置和人员配备相对薄弱。有的科室、单位主动意识不强，抓管理、抓业务思考不深，工作的系统性、计划性不强，推进效果不理想。二是"本领恐慌"依然存在。与时代发展要求相比，与区块链工作的综合性、专业性相比，我们的知识结构、能力素质还有差距，对区块链技术的规律和特点认识不够深、把握不到位，存在"吃不透、拿不准、落不实"的问题。三是作风建设需要加强。调查研究不够深入，对区块链工作底数和需求了解不透、掌握不准。官僚主义、形式主义整治还不彻底，有的工作措施不实、推进乏力。纪律规矩意识需要增强，有的工作制度执行不到位，按制度履职、依规矩办事还有差距。

面对这些困难和问题，我们要坚守初心、强化担当，补脑补钙、强身健体，全面加强系统自身建设，为区块链技术高质量发展奠定坚实根基。

一要强化党建统领。要深入学习贯彻习近平新时代中国特色社会主义思想，加强理论武装，提高思想站位，旗帜鲜明讲政治，树牢"四个意识"，坚定"四个自信"，做到"两个维护"。要把学习贯彻习近平总书记关于网络强国的重要思想和数字中国、国家区块链发展战略等系列重要论述作为最鲜明的主题主线，时刻对标对表，自觉指导实践、推动工作，夯实主体责任，履行"一岗双责"，加强党的政治、思想、组织、作风、纪律等各项建设，以党建统领大数据事业高质量发展。

二要找准职责定位。面对新形势新任务，我们要主动认清形势，进一步找准坐标定位，将区块链技术主动纳入大数据系统，大力推进数字经济建设，统筹推进经济社会数字化转型，具体包括推进数字政府建设、数字经济发展和数字社会构建。省级层面的大数据局（中心）的定位主要是组织协调和谋划安排。首先是综合协调部门，承担数字办职责，统筹协调各级各部门推进数字经济建设；同时又是业务工作部门，承担政务云、政务网、大数据平台建设、数据应用管理与安全等具体工作。关于省市各局管辖的局属大数据中心。局属大数据中心不是原来各部门信息中心的简单集合体，主要职能发生很大变化，总定位是为大数据工作提供全方位支撑保障，具体承担政务云、政务网、大数据平台等统建运维和政务数据汇聚、治理、共享、开放等任务。要把一些关键技术特别是安全工作抓在自己手上，同时发挥承上启下作用，加强与第三方衔接。市县层级的大数据工作的特殊性，尤其是云、网、数一体化的架构特点，决定了这个系统要上下协同、一体化推进工作，防止各自为战、上下脱节。上级部门要加强对下级部门大数据工作的指导协调，推动形成整体合力。

三要提升队伍素质。要积极培养引进懂技术、会管理的复合型人才，加大教育培训力度，不断增强干部职工队伍的干事创业活力。要深化"学习提升"工作，运用好各类学习培训平台，继续实施大数据专业素养提升工程，既加强业务管理方面的学习，又注重学习大数据、云计算、人工智能等前沿知识，深入调研，认真思考，不断提高综合素质和专业素养，争当大数据工作的"行家里手"，力争打响更多"第一枪"。要持续加强纪律作风建设，严格执行中央八项规定及实施细则精神，驰而不息改进作风，纠治"四风"，力戒形式主义、官僚主义，始终绷紧廉政这根弦，共同营造本地大数据系统心齐劲足、风清气正的良好风貌。

四要加快工作落实。一分部署，九分落实。领导干部要自觉把抓落实作为一项基本工作能力和一种重要工作方法，大力发扬"孺子牛、拓荒牛、老黄牛"精神，坚持开拓创新、担当实干，继续实施重点攻坚，头拱地、往前冲，铆足劲、抓落实。要立足工作职责，继续实行挂图作战，坚持项目化管理、工程化推进、清单化落实，明确"任务书""时间表""路线图"，严格落实责任、严格把握节点、严格工作要求，加压奋进，提质提速，确保圆满完成各项工作任务。

三、区块链技术及其应用的发展趋势

区块链与实体经济融合成为主旋律,区块链"脱虚向实"趋势明显,目前区块链技术应用已拓展到金融、政务服务、物联网、能源、智能制造、供应链管理、数字资产交易等多个领域。区块链技术从各个领域助力实体经济高质量发展。随着区块链技术革新升级,与云计算、大数据、人工智能、5G、物联网等前沿技术深度融合、集成创新,从而促进区块链技术在金融、交通、政务、医疗、教育、司法、工业、媒体、游戏等各个细分领域的探索应用。

(一)区块链技术

随着区块链技术走进大众视野,不同应用场景选择不同的链技术,圈内人与圈外人经常谈到公有链、私有链和联盟链这三种链(以准入机制分类)。其实大家根据名字基本就可以了解这三种链的区别,公有链无须许可,任何人只要有网络都可以加入,而私有链和联盟链是经过许可后才能加入的两种链。还有一种跨链技术,是区块链向外拓展和连接的桥梁,是为了实现不同链上的资产互通甚至数据互通。其中,侧链就是可以实现跨链的一种方式。

从应用层面区分,公有区块链网络不需要身份认证,是在现有法律框架之外创造的不需要审查的匿名交易系统。而基于认证许可的私有区块链主要对企业级系统适用,以配合企业之间的业务往来需求、金融监管所需的反洗钱、交易查询、客户征信等。区块链的大多数商业应用将采用某种形式的经过认证许可的才能加入,这也带来了区块链私有链和联盟链的大发展。

对经过认证许可的私有区块链来说,验证的网络节点经过筛选才被允许加入私有链网络，这样整个区块链安全可靠性并不是通过完全去中心化来实现的，而是在一定程度上依赖第三方机构。而在公有区块链网络中，所有参与方无须公开身份，每一个参与者的匿名和隐私都受到保护，而私有链或联盟链网络的参与者由于经过提前筛选，这样的区块链系统只在一定程度上公开透明，所有参与方也不一定匿名。

侧链的功能就是确认来自其他区块链的数据，从而让不同数据如数字资产之间实现兑换，如让比特币与以太币在二者的区块链上按照一定的汇率相互转移。侧链允许数字资产在不同区块链上转移的功能，还可以作为增强隐私保护的方法。基于数字资产之间的可兑换，也让区块链的应用范围得到了进一步扩展，不仅私有链或联盟链数字货币可以与比特币实现挂钩，股票、债券、金融衍生品等各种类型的资产都可以与比特币挂钩。几乎所有数字货币和智能合约的应用都可以通过侧链与比特币及其他公有链相关联，以及与任何数字资产打通取得关联，这使得区块链在应用层面具有更广阔的应用与创新空间。

公有链（Public Blockchain）：其加入的节点遍布世界各地，犹如宇宙，海纳百川，可以接受大自然中的任何物种的生存并提供养料，没有任何限制，不分贫富不看身份，人人可参与，自由加入、无拘无束，所有人共同参与记账，共同维护数据。如比特币系统、以太坊系统，信息是完全公开的。

公有链的优点：

◎对用户无约束条件限制

任何想加入的用户都可以依靠其计算机终端加入联网。

◎所有交易数据公开、透明且无法篡改

实现了完全去中心化，任何节点的信息全网广播，交易信息公开、透明，都可以查看。数据经过哈希函数加密和共识机制以及最长链确认，保障了数据无法篡改。

◎匿名性即非实名

节点之间无须彼此信任，通过匿名特性保障了用户公链上的隐私。

◎**免受开发者影响**

公有链数据的读写是不受任何人控制和篡改的，即使是程序开发者也无权干涉用户。

公有链的缺点：由于公有链依靠严格的共识机制，确认共识的过程需要很长时间，从而导致交易速度慢，如比特币每10分钟确认交易一次，一小时也就6次交易区块的确认，转账需要很久才到账。

典型案例：比特币（BTC）、以太币（ETH）、柚子币（EOS）都属于公有链。

私有链（Private Blockchain）：顾名思义，私有链的加入是有约束条件的，正如私宅，没有允许是不能随便进入的，不对外开放。私有链与公有链恰恰相反，完全私有化，符合条件的用户才能参与，写入数据与查看权限由某个公司或机构控制监控，只有被允许的节点才可以参与并查看所有数据。

私有链的优点：

◎**信息确认速度快**

私有链属于公司或机构所有，其链上的节点只有少量用户，从而彼此之间有很高的信任度，交易信息不需要所有网络节点的全网确认，从而实现了交易速度比其他的链快。

◎**更好的隐私保护**

由于读取权限是由企业或公司组织决定的，参与者难以获得私有链上的数据，更好地实现了数据隐私保护。

◎**效率提升**

私有链不是去中心化的，交易只需要几个受到普遍认可的主要节点确认即可，其交易效率大大提升，从而实现了成本与公有链和联盟链相比极低。

◎**较高的安全特性**

私有链上的成员是经过审核授权的，正如考公务员需要先审核，符合条件的才能参加公务员考试，减少了节点作恶的可能性。

私有链的缺点：没有去中心化，节点被少数用户控制，不能从根本上防范作恶问题。加入的用户需要加密审计和公开身份信息，没有了隐私，存在监控，背离了去中心化的初衷。私有链上的数据有可能被操纵篡改，其代码也可能被修改。

典型案例：蚂蚁金服开发的私有链，根据自身需求决定区块链的公开程度；适用于数据管理、审计等金融场景。

联盟链（Consortium Blockchain）：联盟链是几家公司或机构共同参与管理某个区块链，就像国与国之间协商成立的组织如WTO，只有符合条件的才能加入，每个公司或机构都运行着一个或多个节点，数据只允许系统内不同的公司或机构进行读写与发送交易，加入联盟链的几家公司或机构共同记录交易数据。

联盟链的优点：

◎相比公有链，其处理速度比较快。

◎加入联盟链的节点事前身份和数量都已经确认规定好，其共识机制就比较宽松，数据处理的效率就比较高。

联盟链的缺点：相比公有链而言不是完全去中心化的。不能保证数据无法篡改的特性。

以上三种不同的链类型对比分析如表2-1所示。

表2-1 三种不同的链类型对比分析

链类型	参与者	共识机制	中心化程度	性能	激励机制	记账权限	场景
公有链	任何人	PoW、PoS、DPoS	完全去中心化	较低	有	所有参与用户	虚拟货币如BTC、ETH
私有链	公司或机构内部人	分布式一致性算法	中心化或多中心化	高	无	公司或机构自己定义	央行发行的数字货币、数据管理、审计等
联盟链	联盟人员	分布式一致性算法	多中心化	较高	可选	联盟成员协商确定	商品溯源、供应链金融、物联网、电子政务等

侧链：是跨链技术的一种。主链和侧链的关系就像公路的主干道和分支干道一样，主链是主干道，侧链是分支干道，可以帮助主干道分流，提升效率。侧链的协议是一种可以让数字资产安全地从其他主链转移到其他区块链，又可以从其他区块链安全地返回其他主链的协议，提高交易速度。侧链的出现使得数字资产通过主链可以把部分交易转移到侧链上，在小范围内达成共识，加快交易速度，降低交易成本，提升交易效率。侧链是相对独立的，如果侧链上出现了问题并不影响主链，也就相当于并不影响主干道，主链的安全性和稳定性都不会受到影响。同时用户也不必担心被篡改，即便多条侧链一起运行，也不会对主链造成影响。正如公路分支干道出现交通堵塞并不影响主干道。通过侧链可以为主链拓展不同的应用，实现其他功能，如智能合约。虽然侧链的出现提升了主链的效率，解决了主链的部分痛点，但也存在一些弊端，如侧链作为一个独立的个体，完成开发之后，必须考虑到其独立运维工作，需要有足够多的节点保证其安全性。主链和侧链所面临的网络环境也更为复杂，需要通过软分叉或硬分叉来增加复杂的操作，这也带来一些风险，如欺诈性交易和软分叉带来的不可预测的风险。

（二）区块链技术应用

随着区块链技术的大力普及推广，应用落地场景从早期的金融领域，逐渐向实体经济和政务民生领域拓展。应用主要体现在存证、自动化协作和价值转移三个方面，随着其价值潜力不断被挖掘，应用落地场景已从金融这个突破口，逐步向实体经济和政务民生等多领域拓展。如表2-2所示，区块链在实体经济、金融以及政务领域已经得到了广泛应用。

表 2-2　区块链应用领域及作用

领域	行业细分	区块链作用	主要应用场景
实体经济	溯源	存证	商品溯源、药品溯源、农产品溯源
	供应链	存证与协作	电子产品与汽车制造
	能源	存证与协作	分布式能源分发应用
	互联网内容服务	存证	版权、广告、电子商务、资讯等
金融	保险	存证与协作	保险理赔
	数字资产	存证与价值转移	权属登记
	证券	存证与价值转移	股票派息与债券管理
政务	电子证照	存证	身份认证、电子证据、电子合同
	政务	存证与协作	数据共享、投票、捐款
	发票	存证	电子票据

区块链 + 实体经济

◎ 商品溯源以及市场监管

基于区块链实现商品上链存储，数据共享，国家市场监管总局委托浙江省市场监管局开发建设的"全国网络交易监测平台"依托自主开发的可控的联盟链技术，将监管平台与各个司法机构形成信息共识节点，对涉嫌违法的商品和监管行为本身实施电子证据保全，穿透式监管，实现了全国电商平台实时交易合规性监管。

◎ 智能制造

"区块链 + 智能制造"实现工业 4.0 时代的数字化转型。由于智能制造是一种由智能机器和人类专家共同组成的人机一体化智能系统，它在制造过程中产生很多数据，需要依据数据分析实现智能活动。通过人与智能机器的合作共事，让其与广泛的社会生产网络相融合，实现可信价值流转，就离不开区块链技术的结合。区块链技术能够将制造企业中的传感器、控制模块和系统、通信网络、ERP 系统等系统连接起来，并通过全网共识的分布式账本基础设施，让企业、设备厂商和安全生产监管部门能够长期、持续地监督生产制造的各个环节，提高生产制造的安全性和可靠性。区块链上的分布式账本记录的可追溯性和不可篡改性，有利于企业审计工作的开展，便于发现问题、追踪问题、解决问题、优化系统，极大提高生产制造过程的智能化管理水平。

◎供应链

供应链是多方参与的一个系统，参与方包括核心企业、供应商、物流运输企业、客户等，整个供应链流程中会产生信息流、物流、资金流。根据不同的业务，供应链是多个合作方的协同完成，借助区块链技术特性可以解决供应链的痛点，搭建企业联盟链实现数据共享，可追溯商品或原料从哪里来，一切行为上链存储。由于链上数据不可篡改，保障了数据的真实性，加入联盟链的供应商全网透明。

区块链 + 金融领域

◎法定数字货币

我国于 2014 年由中国人民银行发起开始数字货币研究。2017 年 1 月 29 日，中国人民银行数字货币研究所正式成立。2017 年年末，中国人民银行组织部分大型商业银行及相关机构，共同开展了数字人民币（DC/EP）的研发。2018 年 9 月，中国人民银行联合五家银行开发的"粤港澳大湾区贸易金融区块链平台"在深圳正式上线试运行。2019 年 9 月，数字人民币开始"闭环测试"。

在党中央的要求和号召下，我国法定数字货币积蓄力量、应运而生。我国的央行数字货币简称 DCEP（Digital Currency Electronic Payment），其中包含 DC 和 EP 两组名词，DC 是指数字货币，而 EP 是电子支付，中国人民银行对我国的法定数字货币赋予了数字货币和电子支付两层含义。

DCEP 是基于区块链技术的全新加密电子货币体系，可以将其视为纸钞的替代物，不需要银行账户、不必绑定于任何账户、不依靠网络连接，就能实现价值转移，就像用无形的纸币支付。因此，DCEP 的目标是替换 M0 货币，作为现金的"数字形态"。M0 货币是指流通中现金（M0），是指银行体系以外各个单位的库存现金和居民的手持现金之和。

我国 DCEP 的发行不仅提升人民币在国际货币体系中的话语权和影响力，推进人民币国际化，而且还能够保证从发行到流通全过程的可追溯，为反洗钱、反恐、反非法融资、反诈骗、反盗窃等安全防控提供了有效途径。

◎ 跨境支付

提到国际贸易和跨境支付，必须提到一个重要组织——环球银行金融电信协会 SWIFT（Society for Worldwide International Financial Telecommunications）。1973 年 5 月，为适应全球国际贸易迅猛发展的需要，美国、加拿大和欧洲的一些国际大型银行正式组建 SWIFT 组织，总部设在比利时布鲁塞尔。

面对 SWIFT 的垄断，在大数据、区块链的驱动之下，尤其是基于区块链的透明、可信的天然优势，许多国家达成共识并开始行动，致力于构建全球新的结算网络。除了我国人民银行推出的 DC/EP，欧盟、日本、俄罗斯等正在研究建设类似 SWIFT 的国际加密货币支付网络来将其取代，越来越多的金融机构和区块链平台正在通过区块链技术试水跨境支付。

◎ 资金监管

基于区块链技术可以联合政府监管部门与银行业务系统，通过智能合约实现资金划拨的穿透式支付和全链路监管，将数据上链存证，支付链路可查，可有效满足政府部门对工程项目资金支付与溯源以及监管的需要。如建筑工程行业由于其工程分包链条长，分包商融资难，如果工程款不能及时到位，易造成违约转包、责权不明、资金被挪用、工期延误、工程欠薪等重大风险。基于区块链资金监管平台可以防范资金违法使用。

◎ 数字资产交易

随着互联网技术的发展，一切都将进入数字化生活状态。数字化转型是企业未来的必由之路，当前企业纷纷推出自己的数字资产。由于传统的数字资产交易系统是中心化、不透明的，不同机构的系统之间相互独立，没有统一的规范和接口，从而导致数字资产难以跨机构流通。同时，系统在本质上都是直接利用电子数据库记录用户及资产信息，因此存在数据可能篡改的风险，导致用户数字资产流失。借助区块链具有去中心化、加密、全网透明、不可篡改等特性，可以很好地解决上述问题。用基于区块链的数字资产交易系统来实现数字资产的跨企业或机构安全流转与自由交易，可以提高生产效率、降低协作成本。

区块链 + 政务服务

一切科技都是为了让生活更美好，数字化时代，打破各部门各自为政，让数据多跑路，群众少跑路的便民服务成为趋势。区块链技术的天然特性可以帮助政务服务解决如下痛点。

◎ 数据共享难

大数据时代，数据资产成为重要的资产，数据价值的发挥需要从广度和深度上融合才能更好地服务行业场景。当今，无论是哪个行业都面临着数据共享难的问题，如何突破"各自为政"，解决"信息孤岛"是关键。数据共享本身就面临着风险，在共享数据的情况下如何保障数据的安全也是各部门所顾虑的。防范数据泄露，避免信息被滥用也是公民的顾虑。

区块链技术具有数据加密、不可篡改、可追溯等特性，保障了数据共享的安全与监管。

◎ 信息不准确

由于信息采集手工录入，不可避免地由人为造成数据源头的错误，从而信息在最初进入系统时就是错误的。同时没有借助智能化采集信息的科技，没有系统间的数据交叉验证功能，从而出现了信息不准确。

依靠区块链技术从源头对数据采集环节进行交叉验证，实现系统互联，数据全面链上流动。

◎ 办事入口不统一

当前政务平台办事入口不统一，给服务便民化带来不便民；而这需要依靠科技手段实现办事入口统一，一站式服务，需要顶层设计与指导，整合政务服务窗口，统一入口服务平台，实现一站式办事入口。互联网政务服务平台与本级政府门户网站前端需要整合，提供统一服务入口；政务信息共享才能更好地便民，节省时间提升效率。互联网政务服务平台需要统一身份认证、一号登录，事项全网同步。

让政务服务平台依靠区块链技术全面上链，链上打通认证环节，一站式服务，确保信息各环节衔接，交叉验证，借助时间戳功能给服务链上的各环节有记录可查，从而统一办事入口，内部系统多衔接，便民服务就能得以更好地便民。

数字化时代的到来，各行业都处于转型期，拥抱数字化时代，让数据像水一样流动，按需提供，从而实现信息真实才能更好地提升公信力。

区块链是建立可信价值互联网的基础设施，借助区块链技术政府在服务和管理过程中可以打破传统的政务服务，更好地优化政务流程，促进政务公开、公证和认证，降低运营成本，避免数据信息的窃取和复制，保障数据的安全与真实性，同时各部门能够协同工作，政务流程简单化，减少了政务沟通成本，提升政府效率与公信力，真正解决了上述政务服务的痛点，真正实现了便民服务。

依靠区块链网络上办公，能对政务工作起到有效的监督和规范作用。数据上链从技术上防止数据泄露与篡改以及管理权限泄密，防范没有授权而对数据的滥用。阳光是最好的防腐剂，借助区块链打造阳光型和服务型政府是数字化政务转型的大趋势。如图 2-4 所示，出生医学证明可以上链存储，可以溯源，可以防篡改等；数字化法律构建基于区块链和智能合约形成的去中心化、自动执行和人机互动的法律执行；一体化政务云平台实现公安、民政、社保、医院、银行等多个单位部门涉及的数据上链，实现数据的融合应用；个人身份证明的融合如身份证、房产证、学历证、结婚证、出生证、知识产权保护等相关的认定和认证工作，都可以借助区块链技术高效完成，通过区块链技术将数据、信息上链，实现对数据的记录和追踪。

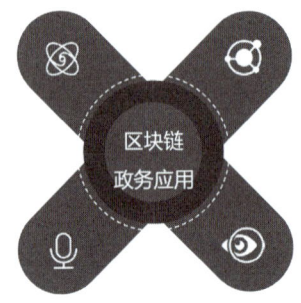

图 2-4 "区块链 + 政务"应用场景主要案例

技术也是一把双刃剑，需要适当监管与管控。政府在利用区块链技术提升自身管理能力以及服务能力的同时，也会存在意想不到的不确定性风险问题。虽然区块链这项新兴技术确实帮助解决了许多政务服务方面的痛点，但也需要在实践探索中逐渐规避风险的前提下加以应用，才能更好地便民服务。

政务数据可以说使用频率比较高，区块链技术作为信用价值互联网的可信底层基础设施，可以实现各类政务数据上链存储并共享到加入的网络节点中。同时，对数据共享全程进行监控，各机构数据主权和权责范围可以依据规则和权限管控，为政务数据共享提供可信的共享平台，保障了隐私侵权行为的可追溯。数据在不出库的前提下进行安全共享，链上查询与交叉验证。基于区块链技术真正实现政务数据共享、政企数据互联，公民数据依法授权可以查询分享，可以依靠大数据技术和区块链技术的结合深度挖掘政务数据潜在价值，促进政府跨机构、跨部门、跨层级的数据互联互通和业务协作，进一步优化政务服务业务流程、降低维护成本、提升协同效率、建设节时便民的可信体系。

◎ 数字化电子证件

基于区块链技术的电子证件为民众线上办理业务提供了便捷，随时随地服务。民众在进行业务办理时不再需要提交多项纸质材料或电子版文档，使用纸质证明流程烦琐且不便保存，同时也不利于建设节约环保型政府。利用区块链技术多方维护和实时共享的特性，建设各颁证机构的数字化电子证件数据库。通过区块链打通各机构系统，使各相关部门可以线上调用和授权数字化电子证件。基于区块链的数字化电子证件由颁发机构直接维护电子证件数据库，确保证照的有效性和法律效力；电子证件查询使用需得到用户授权验证的形式使用，安全便捷。如购房进行户籍证明，只需证明本地户籍而无须提供其他户籍信息。数字化证件拥有者是使用的主体，其他使用者都需要其所拥有主体亲自授权，通过区块链记录电子证照的使用行为，便于事后溯源与追责，全面地实现了数字化电子证件的监管。深圳市统一政务服务APP"i深圳"集成了区块链数字化电子证件应用平台，常用数字化电子证件都已经上链。雄安新区早早地开始了区块链应用探索，2018年2月，雄安新区建成了区块链租房应用平台，挂牌房源信息、房东房客的身份信息、房屋租赁合同信息等都记录于区块链之上，并将得到多方验证，不得篡改。后期又上线了区块链管理平台，尝试利用区块链技术解决传统工程项目中存在的资金挪用、合同违约、施工质量低、拖欠工资等问题。

◎ 数据互联共享

随着人口流动加大，市民异地公积金存取需求增多，基于区块链技术的公积金数据共享平台将极大方便市民异地公积金存取服务。如住建部基于国产自主可控底层联盟链平台研发的"公积金数据共享平台"，实现联通全国城市的公积金中心，业务数据进行上链共识，实现了跨城市的公积金数据共享服务与业务服务。

◎ 电子票据

纸质票据不便于保存与验证，基于区块链技术联通多个部门、多机构之间票据的生成、存储与流转等信息，电子票据在使用和验证过程中便于保存和验证。电子票据产生和使用的全流程状态存储到区块链上，由各开票机构加盖电子签章，从而确保了电子票据的真实性、完整性和不可篡改性，为参与机构打造实时查看和追溯票据信息的可信基础设施，同时链上的票据数据均为加密存储，贯穿于电子票据流转和使用的各业务场景中，依据授权模式保障票据持有人的隐私安全，从而便利了票据使用者，减轻了票据持有者数据隐私安全的顾虑，也减轻了票据开具以及审计的大量工作，提升了票据服务效率。

由国家税务总局深圳市税务局推出的"区块链+电子发票"，实现了区块链技术上开票的加密处理，从而实现了资金流和发票流的合二为一，实现了"交易即开票，开票即报销"。浙江省上线了区块链电子票据服务平台，实现了医保报销凭证开具和报销的线上化。

◎业务协作

在现实生活中，多部门协作是不可避免的。对于政府部门而言审批工作涉及跨部门协作，业务办理通常需要多部门协作与验证，需要各部门开具材料证明。基于区块链技术进行业务模式改造，打通各部门业务系统，形成一个安全可信的共享网络，底层数据共享，通过业务互联和数据互通共享，优化政务服务流程，从而实现一网通办、一站式窗口业务审核模式，为办事民众提供更加高效、更加便捷的服务，提升了业务办理效率，减少了民众排队等待时间。

◎法律存证

基于区块链技术的防伪造防篡改以及链上信息的全面记录实现电子证据的取证、存证、固证和验证，实现了对存证和取证各个环节的详细信息的全面记录和及时共识，确保法律证据拥有较强的法律可信力。如最高人民法院建设的"人民法院司法区块链统一平台"，实现了多个地方法院、公证处、司法鉴定中心等联合服务，从而降低了电子数据的存证成本，加强对电子证据的认证，并支持链上取证核验。

综上所述，凡是涉及需要多方协同、需要数据共享、不存在一个可信中心的场景，都可以借助区块链技术实现合作共赢的场景应用。依据区块链特性选择不同的场景应用，未来将有更广阔的应用空间，基于"区块链+"的应用将带来巨大产业创新，并颠覆现有的行业生态和产业模式。

第三讲

把区块链作为核心技术自主创新的重要突破口

第三讲
把区块链作为核心技术自主创新的重要突破口

科技是国家强盛之基，创新是民族进步之魂。2018年5月28日，习近平总书记在中国科学院第十九次院士大会、中国工程院第十四次院士大会上指出："实践反复告诉我们，关键核心技术是要不来、买不来、讨不来的。只有把关键核心技术掌握在自己手中，才能从根本上保障国家经济安全、国防安全和其他安全。"区块链技术具有开放透明、难以篡改、开放互联、易于追溯、算法信任等优势，在数字金融、公共服务以及社会治理等方面都有广阔的应用前景。我们应加大对区块链技术的研究和应用，把区块链作为核心技术自主创新的重要突破口，加强区块链技术应用的顶层规划和制度安排，加速底层平台、业务应用等相关标准体系建设，把区块链技术成果充分应用到现代化建设中去。

一、以科技创新实现高水平自立自强

（一）把科技自立自强作为国家发展的战略支撑

创新是一个民族进步的灵魂，是一个国家兴旺发达的不竭动力。自力更生是中华民族自立于世界民族之林的奋斗基点，自主创新是我们攀登世界科技高峰的必由之路。党的十九届六中全会提出："创新是一个国家、一个民族发展进步的不竭动力。越是伟大的事业，越充满艰难险阻，越需要艰苦奋斗，越需要开拓创新。"① 立足新发展阶段、贯彻新发展理念、构建新发展格局、推动高质量发展，我们比任何时候都更加需要创新这个第一动力，更加需要坚持创新在我国现代化建设全局中的核心地位，切实把科技自立自强作为国家发展的战略支撑。习近平总书记指出："构建新发展格局最本质的特征是实现高水平的自立自强。"②

2020年10月26日至29日，党的十九届五中全会在北京召开。这是在我国将进入新发展阶段、实现中华民族伟大复兴正处在关键时期召开的一次具有全局性、历史性意义的重要会议。全会审议通过的《中共中央关于制定国民经济和社会发展第十四个五年规划和二〇三五年远景目标的建议》(以下简称《建议》)，在系统总结我国已经取得的决定性成就基础上集中回答了新形势下我国要实现什么样的发展，如何实现发展的重大问题，对我国在全面建成小康社会，实现第一个百年奋斗目标之后，乘势而上开启全面建设社会主义现代化国家新征程，向第二个百年奋斗目标进军作出了战略部署，明确了今后五年乃至更长时期我国经济社会发展的大方向大思路大战略，是指导今后一段时期国民经济和社会发展的纲领性文件。

党的十九届五中全会的一个突出亮点，是把科技创新的地位和作用提升到了前所未有的战略高度。党的十九届五中全会提出，坚持创新在我国现代化建设全局中的核心地位，把科技自立自强作为国家发展的战略支撑，面向世界科技前沿、面向经济主战场、面向国家重大需求、面向人民生命健康，深入实施科教兴国战略、人才强国战略、创新驱动发展战略，完善国家创新体系，加快建设科技强国。同时，党的十九届五中全会对强化国家战略科技力量，提升企业技术创新能力，激发人才创新活力，完善科技创新体制机制作出了部署。这些重大部署和重大举措必将引领我国加快走出一条从人才强、科技强到产业强、经济强、国家强的创新发展新路径，进而加快跻身创新型

---

① 《中共中央关于党的百年奋斗重大成就和历史经验的决议》，《人民日报》2021年11月17日。
② 习近平：《把握新发展阶段，贯彻新发展理念，构建新发展格局》，《求是》2021年第9期。

第三讲
把区块链作为核心技术自主创新的重要突破口

国家前列和建设世界科技强国。《建议》提出,加快建设科技强国,强调创新的核心地位和科技自立自强的战略支撑作用,并将其摆在各项规划任务的首位进行专章部署。这是党的十九届五中全会中的最突出亮点,在我党编制五年规划建议的历史上也是第一次。

科技自立自强是党的十九届五中全会的一个新提法。从根本上讲,科技自立自强与自主创新是一脉相承的。改革开放以来,我国一直高度重视科技进步和科技创新对国家发展的重要支撑作用,从科学技术是第一生产力到经济建设必须依靠科学技术,科学技术工作必须面向经济建设的"两个必须",再到党的十八大作出实施创新驱动发展战略的重大部署,党的十九大提出加快建设创新型国家和创新是引领发展的第一动力,是建设现代化经济体系的战略支撑,科技创新在国家发展中的地位不断提升。党的十九届六中全会提出:"党坚持实施创新驱动发展战略,把科技自立自强作为国家发展的战略支撑,健全新型举国体制,强化国家战略科技力量,加强基础研究,推进关键核心技术攻关和自主创新,强化知识产权创造、保护、运用,加快建设创新型国家和世界科技强国。"[①]

把科技自立自强作为国家发展的战略支撑,更加凸显了科技创新在我国未来发展中的重要作用,也呼应了我国创新转型升级的迫切需要,为深入实施创新驱动发展战略赋予了新的时代内涵和要求。自立强调自主创新,坚持以我为主,实现关键核心技术和产业链、供应链的自主、安全、可控,把创新主动权、发展主动权牢牢掌握在自己手中。自强强调提升科技创新力量,增强科技引领能力和原始创新能力,进而实现更高质量、更高效率的创新,塑造国家发展新优势。自立自强体现了发展和安全的有机统一。对新时代新阶段实现科技自立自强的重要性、紧迫性,要放在百年未有之大变局和中华民族伟大复兴战略全局下来深化认识,要把握高质量发展主题和新发展阶段、

---

① 《中共中央关于党的百年奋斗重大成就和历史经验的决议》,《人民日报》2021年11月17日。

新发展理念、新发展格局的大逻辑来深入理解。

当前和今后一个时期，我国发展仍然处于重要战略机遇期，但机遇和挑战都有新的发展变化。这是全面分析我国发展环境面临的深刻复杂变化作出的重大科学判断。当今世界正经历百年未有之大变局，新一轮科技革命和产业变革深入发展，国际力量对比深刻调整，和平与发展仍然是时代主题，人类命运共同体理念深入人心，同时国际环境日趋复杂，不稳定性不确定性明显增加，新冠肺炎疫情影响广泛深远，经济全球化遭遇逆流，世界进入动荡变革期，单边主义、保护主义、霸权主义对世界和平与发展构成威胁。

我国已转向高质量发展阶段，制度优势显著，治理效能提升，经济长期向好，物质基础雄厚，人力资源丰富，市场空间广阔，发展韧性强劲，社会大局稳定，继续发展具有多方面优势和条件，同时我国发展不平衡不充分问题仍然突出，重点领域关键环节改革任务仍然艰巨，创新能力不适应高质量发展要求，农业基础还不稳固，城乡区域发展和收入分配差距较大，生态环保任重道远，民生保障存在短板，社会治理还有弱项。

（二）我国科技自立自强面临的发展形势和机遇挑战

面对国内外发展环境的复杂深刻变化，党中央提出了一个"统筹"，两个"深刻认识"的要求，即全党要统筹中华民族伟大复兴战略全局和世界百年未有之大变局，深刻认识我国社会主要矛盾变化带来的新特征新要求，深刻认识错综复杂的国际环境带来的新矛盾新挑战。强调全党要增强机遇意识和风险意识，立足社会主义初级阶段基本国情，保持战略定力，办好自己的事。认识和把握发展规律，发扬斗争精神，树立底线思维，准确识变，科学应变，主动求变，善于在危机中育先机，于变局中开新局，抓住机遇应对挑战，趋利避害，奋勇前进。

第一，大变局带来全球创新格局的大变化大调整。科技全球化与经济全球化相伴相随，相互促进，在当前经济全球化遭遇逆流的情况下，虽然科技

第三讲
把区块链作为核心技术自主创新的重要突破口

全球化的大趋势不会改变,但不确定性因素急速增加,科技开放合作的不稳定性明显加剧。

从全球科技发展的既有格局来看,在较长的时期内高端要素向发达国家相对集中的趋势难以逆转,发达国家主导全球创新的局面仍将持续,发达国家仍将是全球科学技术的主要源头、人才高地和全球创新的核心地带。但是,由于全球化的到来,创新要素的跨国流动呈现新的特征,推动全球创新环境、创新格局出现重大变化。以中国为代表的亚洲新兴国家和经济体正逐步从科技创新的外围地带向次核心与核心地带挺进,全球创新格局出现"西强东弱"逐渐向"东升西降"的重大调整,全球科技发展日益呈现多极化的格局。

从历史来看,大国之间的竞争往往是推动重大技术变迁的重要动力,科技竞争也是国家间政治博弈的重要筹码。随着中国等新兴国家的迅速崛起,国际权力结构正在发生深刻重组。全球气候变化、能源安全、粮食安全、信息安全和大范围流行疾病防控等重大科技问题成为国家间利益博弈的关键领域,科技创新不仅成为各国发展战略的核心,也越来越成为国际争夺生存权、发展权、话语权的焦点。

第二,新一轮科技革命和产业变革预示新突变。当前世界范围内科学技术进步的速度前所未有,一些重要的科学问题和关键核心技术发生革命性突破的先兆日益显现,科研成果转化为现实生产力的周期越来越短,技术和产品更新换代速度不断加快,全球进入空前的创新密集和产业变革的时代。

一般认为,第三次科技革命发生在 20 世纪 40—50 年代的美国。根据历次科技革命的时间间隔在 80~100 年,可预计新一轮科技革命将在未来 20~30 年间发生。从目前的新技术发展态势看,人工智能、5G、量子科技、大数据和数字应用等是新一轮科技革命和产业变革的重要驱动力。新一轮科技革命和产业变革的影响是广泛而深刻的,当前科技创新乃至社会经济发展正出现新的特征。

第一个特征是基础前沿领域孕育重大突破。科学研究正在向宏观、微观和极端条件扩展，宇宙演化、量子科学、生命起源、脑科学等原创创新正在开辟前沿新方向并取得颠覆性突破。深海、深空、深地以及网络空间安全等重大创新领域，成为人类拓展生存空间维护核心利益和国家安全的竞争焦点。

第二个特征是前沿技术呈现群体突破态势。人工智能、5G、大数据、云计算、物联网、区块链、量子通信等新兴技术快速迭代，与生物、能源、制造、材料等前沿技术交叉融合，正在发生多技术群多点突破、相互支撑、齐头并进的链式变革，产生重大科技创新成果，特别是颠覆性技术加速领先。

第三个特征是科学研究学科间横向交叉融合日益紧密。在这种交叉融合的趋势推动下，热点研究领域大量增加，不断产生新兴学科，新兴技术及产业，应用基础研究得到越来越多的关注和投入。如21世纪以来，诺贝尔化学奖约有2/3的获奖成果与生物学相关，脑科学与数理、信息等学科结合正在催生脑机交互技术，极大带动了人工智能、复杂网络技术的发展。多学科间的渗透和交叉还推动了一系列新的研究领域的出现，如环境科学、信息科学、空间科学、能源科学、生命科学等，学科分支也从20世纪初的600多个，发展到现在的6000多个。有资料统计，仅2007年到2017年10年间，交叉融合的热点研究领域就从121个扩大到了232个。

第四个特征是创新组织方式正在发生深刻演变。产研融合、科教融合、军民融合加速推进，技术创新与产业创新、社会创新、管理创新跨界融合，科技创新与金融资本、商业模式的融合也更加紧密。新型研发组织和创新模式层出不穷，科技创新活动日益表现出大众化、集群化、社会化、网络化的特征，打破组织学科边界，以问题导向和解决方案为导向的科研组织模式日益受到重视。企业、高校和科研院所之间，基于明确职责定位基础上的开放型、多元化的创新合作趋势日益显著。

第五个特征是新产业、新业态、新模式不断涌现。推动科技创新的动力源于经济社会发展需求的强力拉动。当前科技创新影响人类生产生活方式的速度、广度、深度前所未有，科技与经济融合的趋势更加明显，科技创新重塑经济发展模式的作用更加突出，一些重大颠覆性技术创新促进传统技术和产业加速迭代，不断创造新需求、新业态、新产业，数字经济、智能经济、共享经济成为新的经济形态，进而塑造新的社会形态。

第三，高质量发展对科技自立自强提出了新要求。党的十九届五中全会指出，我国已转向高质量发展阶段。"十四五"时期，我国经济社会发展要以高质量发展为主题，以深化供给侧结构性改革为主线，以改革创新为根本动力，以满足人民日益增长的美好生活需要为根本目的。强调以高质量发展为主题，是根据我国发展阶段、发展环境、发展条件变化作出的科学判断。《建议》明确了到2035年基本实现社会主义现代化的远景目标，提出了"十四五"时期，经济社会发展六个"新"的主要目标。这是综合考虑国内外发展趋势和我国发展条件，立足未来五年发展，着力第二个百年目标的大设计。

按照《建议》提出的目标要求，经过未来十五年的奋斗，我国经济实力、科技实力、综合国力将大幅跃升，经济总量和城乡居民人均收入将再迈上新的大台阶，关键核心技术实现重大突破，进入创新型国家前列；基本实现新型工业化、信息化、城镇化、农业现代化，建成现代化经济体系；基本实现国家治理体系和治理能力现代化，人民平等参与、平等发展权利得到充分保障，基本建成法治国家、法治政府、法治社会；建成文化强国、教育强国、人才强国、体育强国、健康中国。

基本实现美丽中国建设目标，基本实现国防和军队现代化，人均国内生产总值达到中等发达国家水平，中等收入群体显著扩大，基本公共服务实现均等化，城乡区域发展差距和居民生活水平差距显著缩小，我国将成功跨越中等收入阶段，并在高收入阶段继续向前迈进一大步，形成对外开放的新格局。参与国际经济合作和竞争新优势明显增强，人民生活更加美好，人的全面发展，全体人民共同富裕取得更为明显的实质性进展。

党的十九届五中全会指出，实现这个目标必须坚持创新驱动发展，坚持全面塑造发展新优势。因此，只有坚持创新在我国现代化建设全局中的核心地位，把科技自立自强作为国家发展的战略支持，完善国家创新体系，加快建设科技强国，才能有效破解经济社会发展中的突出矛盾问题，推动质量变革、效率改革、动力变革，才能不断优化供给结构，提升供给质量，更好满足人民群众多样化、个性化、高端化的需求，才能继续推进制造强国、质量强国、网络强国、数字中国建设步伐，实现产业基础高级化、产业链现代化，才能抢占科技创新制高点，增强国际竞争新优势，实现关键核心技术自主可控，从而把发展的主动权牢牢掌握在自己手中。

党的十九届五中全会指出，"十三五"时期，我国经济实力、科技实力、综合国力已经跃上新的大台阶。在以习近平同志为核心的党中央坚强领导下，创新驱动发展战略深入实施，科技创新和体制机制创新双轮驱动，重点领域和前沿方向科技创新实现重大突破，国家创新体系整体效能显著增强，形成了基础研究、前沿技术、应用开发、重大科研基础设施、重点创新基地等全方位系统化的布局。科技实力正在从量的积累迈向质的飞跃，从点的突破迈向系统能力提升，科技事业发生历史性变革，取得历史性成就，我国成功跻身世界科技大国和创新型国家行列。

一是科技创新整体实力显著增强。"十三五"时期，我国全社会研发经费支出从1.42万亿元增长到2.21万亿元，研发投入强度从2.06%增长到2.23%，超过欧盟15个发达经济体的平均水平，技术市场合同成交额翻了一番，2019年超过2.2万亿元。国内发明专利授权量连续多年位居世界首位，通过专利合作条约途径提交专利申请量跃居世界首位，国际科技论文和高被引论文数量均位居世界第二位，成为全球科技创新的重要贡献者。

世界知识产权组织发布的全球创新指数显示，我国创新能力综合排名从2015年的第29位跃升至2020年的第14位，是唯一跻身世界前15位的发展中国家。

二是科技创新重大成果竞相涌现。我国基础研究投入从2015年的716亿元，增长到2019年的1335.6亿元，年均增幅达到16.9%，大大高于全社会研发投入的增幅。

2019年，基础研究占全社会研发投入比重历史上首次达到6%，基础研究整体实力显著提高，化学材料、物理工程等学科整体水平进入国际先进行列。在量子信息、铁基超导、中微子、干细胞、脑科学等前沿方向上取得了一系列重大原创成果。

载人航天与探月、北斗导航、大型客机、载人深潜、国产航母、高速铁路、5G移动通信、超级计算、特高压输变电、第三代核电等一大批战略高技术领域取得重大突破，为培育经济发展新动能，推动产业转型升级，保障国家安全作出了重大贡献。

此外，科技创新在抗击新冠肺炎疫情、打赢脱贫攻坚战、保障和改善民生、建设美丽中国等方面也发挥了不可替代的重要作用。

三是科技创新基础建设成效显著。我国启动了首批国家实验室建设任务，加快推进重组国家重点实验室体系工作，高等学校加快推进"双一流"建设。布局建设500米口径球面射电望远镜、散裂中子源、P4实验室、全超导托卡马克核聚变实验装置等一批国之重器。支持建设20个国家科学数据中心，31个国家生物种质与实验材料资源库，以及98个国家野外科学观测平台，为我国重大基础前沿研究和高技术发展提供了有力的技术和平台支撑。

四是科技创新空间布局持续优化。北京、上海、粤港澳大湾区国际科技创新中心建设深入推进，正在加快构建具有全球影响力的科技创新高地和驱动高质量发展的核心引擎。北京怀柔、上海张江、安徽合肥等综合性国家科学中心建设正在全面启动，国家自主创新示范区、国家高新区等重点区域创新能力持续提升，引领带动周边区域创新发展水平加速跃升，各具特色、协同发展的区域创新格局正在加快形成。

此外，我国科技人才队伍建设持续加强，国际科技合作不断深化，科技体制机制改革全面推进，国家创新治理能力显著提升，特别是我们有党中央集中统一领导这一最大的政治优势，有社会主义能够集中力量办大事的显著制度优势，所有这些都为我国实现科技自立自强，加快建设科技强国奠定了坚实基础，提供了坚强保证。

但是，在看到发展成绩的同时，也要看到我国存在的差距与不足。与发达国家相比，我国重大科学原创成果少，科技创新供给能力总体不强，还不能有效满足经济社会发展和国家安全需要。我国高端人才紧缺，顶尖科学家数量和青年拔尖科技人才数量与发达国家差距较大，世界级领军大学比较缺乏，世界级科技创新企业数量仍然很少。

2019年6月，《麻省理工科技评论》公布的2017年全球最有才华、最具创新精神、最有可能改变世界的35位35岁以下的青年科技创新人才名单，美国入选12人，中国仅入选7人。同时，我国许多产业仍然处于中低端，我国CPU芯片操作系统核心元器件、关键仪器设备、基础材料等事关国家安全和人民生命健康安全的关键核心技术受制于人的局面没有根本改变，对外依存度高于40%，高技术产品出口方面自主品牌仅占10%，PCT专利数与美国、德国、法国相比仍有差距，专利质量还有待提升。我国知识产权使用费收入和支出一直处于高额逆差状态。此外，在科技体制、创新政策等方面还有待进一步完善。

（三）党的十九届五中全会对科技自立自强重点任务的部署

加快建设科技强国必须坚持系统观念，加强前瞻性思维，此外还要进行全局性谋划、战略性布局、整体性推进，全面落实强化国家战略科技力量，提升企业技术创新能力，激发人才创新活力，完善科技创新体制机制等各项部署任务。

第一，坚持四个面向的战略方向。一要面向世界科技前沿。我们要把握世界科技发展大势，敏锐抓住科技竞争先机，积极抢占科技创新制高点，特别是要突出从0到1的技术研究，进一步增强原创导向的基础研究和前沿探索能力。二要面向经济主战场。我们要提供高质量科技供给，加快5G、人工智能等新技术的产业化应用，加速重大科技任务攻关成果转化，以科技创新催生发展动能，塑造发展优势，进一步提升科技创新对现代化经济体系和高质量发展的支撑引领能力。三要面向国家重大需求。我们要立足国家核心利益和重大战略需要，围绕关系我国发展全局的重大问题，大力提升自主创新能力，加紧突破一批关键核心技术，取得一批重大战略性产品，建设一批重大科技创新基地，建成一批重大科技创新平台，在更高层次、更大范围发挥科技创新，提升我国综合国力和国际竞争力的支撑作用，确保在战略必争领域增强发展主动权。四要面向人民生命健康。我们要坚持人民至上、生命至上，把人民群众生命安全和身体健康放在第一位，用科技创新维护人民健康，改善民生福祉。新冠肺炎疫情暴发后，全国科技界迅速进入战时状态，聚焦临床救治和药物、疫苗研发等五大主攻方向，系统布局疫情防控应急科研攻关，取得了一批务实管用的重大科技成果，为疫情防控取得全国重大战略成果提供了有力科技支撑，为全球抗疫作出了积极贡献。

第二，促进科技创新与经济社会发展深度融合。贯彻新发展理念，构建新发展格局，实现高质量发展，比以往任何时候都需要科学技术解决方案，更加需要增强创新对现代化国家建设的支撑带动能力。一是要以"四化"融合发展，新型工业化、信息化、城镇化、农业现代化离不开科技支撑，要坚持以科学技术和创新推动"四化"高质量可持续发展。二是要构建现代产业服务体系，紧紧围绕制造强国、质量强国、网络强国、数字中国建设，深化技术创新，统筹推进产业基础高级化、产业链现代化。切实提高经济质量效益和核心竞争力，要推动数字产业化和产业数字化，推动数字经济与实体经济深度融合，打造具有国际竞争力的数字产业集群。三是要聚焦实体经济，针对产业转型升级的需要，利用信息技术、绿色技术、智能技术等加强传统产业的改造升级，提升传统产业竞争力。同时，积极培育战略性新兴产业，形成新的经济增长点，要积极构建以企业为主体、产学研深度融合的技术创新体系，培育具有国际竞争力的创新型企业。四是要以我国不断升级的庞大消费市场和内需潜力为依托，拓展科技创新发展空间，围绕产业链、供应链关键环节、关键领域、关键产品，布局"补短板"和"建长板"并重的创新链，提升产业链、供应链现代化水平，切实增强国内大循环的稳健性。

第三，加强基础研究和核心技术攻关。我国科技的最短板在基础研究，很多"卡脖子"技术实际就卡在基础上。在加强基础研究方面，《建议》提出，要加强基础研究、注重原始创新，优化学科布局和研发布局，推进学科交叉融合，完善共性基础技术供给体系。为此，要探索面向世界科学前沿的原创性科学问题，构建从国家安全、产业发展、民生改善的实践中夯实基础科学建设的基石。要面向国家重大需求和国民经济主战场，推进农业、健康、海洋、空间、能源等应用学科发展。同时，要加大对基础研究的持续投入，稳定投入，建立符合基础研究规律特点的评价机制，使科研人员能够心无旁骛，潜心研究。在核心技术攻关方面，要按照《建议》作出的部署瞄准人工智能、量子信息、集成电路、生命健康、脑科学、生物育种、空天科技、深地深海等前沿领域，实施一批具有前瞻性、战略性的国家重大科技项目。同时，加快壮大新一代信息技术、生物技术、新能源、新材料、高端装备、新能源汽车、绿色环保以及航空航天、海洋装备等产业。推动互联网、大数据、人工智能等同各产业深度融合，推动先进制造业集群发展，构建一批各具特色、优势互补、结构合理的战略性新兴产业增长引擎，培育新技术、新产品、新业态、新模式。

第四，强化国家战略科技力量。国家战略科技力量是指在重大创新领域由国家布局支持，具有基础性、战略性使命的科技创新国家队。强化国家战略科技力量是世界强国提升科技实力的有效路径，是科学研究进入大科学时代，科技创新进入大融通时代，应对科技革命和产业变革的关键举措，也是保障我国产业链供应链安全，构建新发展格局，实现高质量发展的必然选择。强化国家战略科技力量需要深化改革、创新机制、系统推进。一是要健全社会主义市场经济条件下的新型举国体制，发挥社会主义集中力量办大事的体制优势，形成关键核心技术攻坚体制，聚焦战略前沿领域，实施一批国家重大科技项目，打好关键核心技术攻坚战，持续增强科技创新能力，提高创新链的整体效能。二是要推进国家实验室建设，并对现有国家重点实验室体系进行重组，形成布局合理、治理有效、创新能力强的专业化分工格局，支撑重要领域前沿突破。三是要加强国家技术创新基地建设，通过强化产学研合作，建设国家技术创新中心、国家工程研究中心、国家制造业创新中心，建设国家临床医学研究中心，鼓励地方发展新型研发机构。四是要推进科研院所、高校和企业科研力量，优化配置和资源共享，聚焦使命定位改革国有科研机构，形成体系化能力，支持发展研究型大学，强化基础研究和创新型人才培养，强化企业创新主体地位，促进各类创新要素向企业聚集。五是要建设各具特色的区域创新增长极，统筹国家战略科技力量布局，建设若干综合性国家科学中心和区域性创新高地，形成若干特色产业创新集群，推进北京、上海、粤港澳大湾区形成国际科技创新中心。

第五，强化企业创新主体地位，促进各类创新要素向企业集聚。这是推动创新链和产业链有效对接，提高国家创新体系整体效能的重要战略举措。企业天然具有连接科技与产业的动力，拥有对资金、技术、人才、管理、知识、数据等创新要素优化配置的主导地位，强化企业创新主体地位是把科技研发能力转化为经济发展实力的核心要义。企业是否拥有创新主体地位将决定性地影响一个国家和地区的创新能力。党的十八大以来，我国企业的创新能力明显提高，涌现出一批具有国际竞争力的创新型企业。但从总体上看，企业创新总体地位还不够突出，主要表现在规模以上工业企业研发投入强度仍显著低于发达国家水平，企业基础研究投入不足，企业利用和整合外部资源有限，集中了全国大量创新资源的高校、科研院所开放度低。强化企业创新主体地位关键是促进技术、人才、资金等创新要素向企业集聚。一是要加快科研院所改革，提高科技成果转化转移成效，提高科研院所科研活动服务经济主战场的积极性、主动性、创造性。二是要健全有利于科技人才向企业流动的体制政策环境，鼓励科研院所、高校科技人才进入企业，支持龙头企业整合科研院所、高等院校建立创新联合体。三是要完善金融支持创新体系，发展创业板、科创板、新三板等直接融资，促进各类资金向创新活动配置。

第六，激发人才创新活力。人才是实现科技自立自强的基石，人才的创新活力是创新驱动发展战略的第一驱动力，科技创新的源头在于人才，更在于人才创新活力的充分释放。激发人才创新活力重在深化人才发展体制机制改革，为全方位培养、引进、用好人才创造良好政策环境和体制机制保障。在人才培养方面，《建议》提出，造就更多国际一流的科技领军人才和创新团队，培养具有国际竞争力的青年科技人才后备军。加强创新型、应用型、技能型人才培养，实施知识更新工程、技能提升行动，壮大高水平工程师和高技能人才队伍。这些目标要求从规模、质量、类型、结构和国际竞争力等各方面对人才培养做了全方位、多层次、宽领域的布局。

在人才评价导向方面，《建议》提出，健全以创新能力、质量、实效、贡献为导向的科技人才评价体系。人才评价体系具有"指挥棒"和"风向标"的作用，推动评价导向的转变，一是要建立有利于发挥同行、用户、市场、社会等多元评价主体作用的科技人才评价体系，有效反映科技成果的原创性和科学价值、经济价值、社会价值。二是要区分基础研究人才、应用研究人才、基础开发人才等不同类型，分类设置人才评价指标体系，避免对不同学科领域，不同成长阶段的科技人才一把尺子量到底。三是要遵循不同人才成长发展规律，科学合理设置考核评价周期，对基础研究人才、青年人才等可适当延长评价周期，鼓励持续研究和长期积累。在人才激励保障方面，《建议》提出，构建充分体现知识、技术等创新要素价值的收益分配机制，完善科研人员职务发明成果权益分享机制。这是强化我国科技成果转化激励的一项大政策，对于激励科研人员创新创业积极性，促进与经济深度融合具有重要的牵引作用。

近年来，虽然我国在职务发明成果权益分享机制改革上也采取了若干措施，但还是偏重于收益分享，因此仍然需要在权益分享上取得突破。完善职务发明成果权益分享机制，有助于把科研人员的关注点从评职称转到注重成果转化上来。在人才引进方面，《建议》提出，实行更加开放的人才政策，构筑集聚国内外优秀人才的科研创新高地。这就要求我们要把握科技革命和产业变革的战略机遇，切实转变人才发展理念，既重视引进高层次科技创新人才，也要重视引进青年科技创新人才。既要多渠道加大科技计划对外开放力度，也要加强外国人才服务保障，建立多层次全球化科技创新人才的工作体系。

第七，改进科技项目组织管理方式，实行"揭榜挂帅"等制度。这是《建议》提出的改革科技管理制度的一项新举措，目的是要建立既符合科技发展规律，又体现国家战略需要的科技项目组织管理制度。改进科技项目组织管理方式要从国家紧迫需要和长远发展出发，建立需求导向和问题导向的项目形成机制。一是按照国家战略与安全、产业竞争力、重大民生需求，确定科技攻关任务优先顺序，强化自上而下的重大任务顶层设计，形成政府主导多方参与的项目论证机制。二是从产业和社会发展实践中提炼应用研究任务，组织一线专家从现实需求中抽象出科学和技术问题。三是发挥科学家在基础研究选题中的作用，建立非共识项目的专门安排机制。实行"揭榜挂帅"制度，就是要把关键核心技术项目张出榜来，英雄不问出处，谁有本事谁就揭榜，以能够解决问题为评价标准，给予揭榜者充分信任和授权，建立责权统一、奖优罚劣的管理机制，从而加快关键核心技术的更多突破。

第八，处理好自主与开放的关系。构建新发展格局不是要搞封闭的国内循环，而是要实现开放的国内国际双循环。科技自立自强也要坚持开放创新，开放创新是当前全球创新发展的大趋势。随着经济全球化和信息技术的快速发展，人才、资本、技术、数据等各种创新要素在全球加速流动和配置，尽管当前单边主义、保护主义等有所抬头，但是阻挡不了创新全球化的趋势，要积极利用国内国际两个市场、两种资源，从全球视野布局创新，主动融入全球创新网络,"引进来"与"走出去"相结合,实施更加开放、包容、互惠共享的国际科技合作,探索新形势下的国际合作模式和机制。要分层次开展国际合作,构建多样化的国际创新合作平台,积极参与构建多边科技合作机制,拓展民间科技合作领域和空间。既要加强各国大学、研究机构的科技合作和人员交流,又要鼓励企业层面开展市场导向的技术引进、转移和合作创新;既要加强与发达国家的科技合作,又要加强与发展中国家的科技合作。增强国际影响力还要深度参与全球创新治理,务实推进全球疫情防控和公共卫生领域科技合作,聚焦气候变化、人类健康、能源环境等全球性问题挑战,加强同各国科研人员联合研发。聚焦事关全球可持续发展的重大问题,设立面向全球的科学研究基金,加快启动我国牵头的国际大科学计划和大科学工程,深入实施"一带一路"科技创新行动计划,增强全球创新要素集聚和创新资源融合能力,进一步增强我国在全球创新和竞争格局中的地位和影响力,在加快构建人类命运共同体中作出中国贡献。

(四)区块链作为核心技术是我国科技自主创新的重要突破口

当前,我国科技创新中还存在一些短板弱项,尤其科技创新在基础研究和应用基础研究等领域与世界先进水平存在差距,同时基础科学研究与应用基础科技研究投入占比与发达国家相比还存在较大差距。全社会研发投入尤其是基础研究投入在 GDP 中的占比与发达国家相比还存在较大差距。目前,中美贸易战中我们能够切身感觉到缺芯带来的整个科技生态的危害,芯片作为智能核心的基础设施,需要加大研究,协同攻关,尤其要在一些重点领域和关键技术出现"卡脖子"的地方,加大核心技术自主创新的投入。

区块链作为第二代可信价值互联网,我们需要抓住区块链作为核心技术自主创新的重要突破口,把握先机,实现第二代互联网生态核心基础设施自主创新,自主可控。避免第一代互联网整个生态核心基础设施全部为国外掌控的局面,从而受制于人,一切规则和科技标准都遵循国外制定的规则,没有主动权和话语权。

面向未来，创新在现代化建设全局中处于核心地位，没有创新就会停止不前，就会落伍，被社会所淘汰。如何以科技创新实现高水平自立自强？

首先，科研院所要下大力气投入基础科学研究。基础研究是科技生态与产业经济发展的万物之基。要更好发挥创新驱动作用，以居安思危的忧患意识、"十年磨一剑"的工匠精神，重点锚定科技前沿基础以及"卡脖子"技术，利用国家重大战略实施支持，提升科技创新原创能力，推进科技创新实现新突破。必须聚焦打牢基础研究的基本功，如果我们回顾历史看看第一代互联网，核心基础科技引领了整个科技产业以及科技与经济的巨大效应，带来的不仅是生活的便利，也改变了经济发展模式。深刻认识基础科技研究所带来的价值，打多深的地基，决定了能盖多高的楼。只有狠抓科技基础研究才能真正实现更多"从0到1"的突破，必须从观念上纠正只重视应用研究而忽视基础科学研究的短视行为。解决卡脖子问题的关键在于夯实基础科学研究，才能真正为科技创新应用插上腾飞的翅膀。

其次，加大基础科技研究资金投入与风险投资。失败是成功之母，基础科技研究失败是经常的，需要不断实验，既烧钱也烧精力。

最后，科技创新人才是关键，要加大人才培养，吸纳全球人才来我国投入科技研究。破除体制机制对人才的自我能动性发挥的限制，在科技创新领域，提倡唯才是举，关键在人。通过科技体制改革，为科研人员松绑减负，让科研人员有更多自主权，让他们心无旁骛搞研究，解决他们的后顾之忧，而不是把宝贵的精力花在申请、报备、填表、评比以及迎来送往等事务上。提倡英雄不论出身和资历，有能力就上的科研精神，给全社会科技创新人才提升整体创新创造更大空间，解除束缚的条条框框。

当前，我国科技投入偏低，不少产业处于全球价值链中低端，必须改变一切"向钱看"的短视行为，对一些关键核心技术和装备要下大力气，深耕进去，加大研究，实现突破。面对全球新一轮科技革命和产业变革，加快构建科技创新引领的新时代，全面增强自主创新能力。

调动全社会的积极性，充分发挥政府的主导、引导和保障作用，打造面向未来的科技发展新局面。整合创新资源，将有关政府部门、企业界、科技界以及其他社会力量聚合，实现协同攻关的合力，加强统筹协调、信息共享和创新合作。国家实验室以及国家重点实验室要发挥带头作用，同时高校和科研院所要发挥基础研究，加大基础研究投入，高度重视基础研究和应用基础研究，避免只重视应用研究。要实现基础研究与应用研究两条腿跑路，才能走得更远。聚焦世界前沿科技、把握科技大趋势，实现前瞻性基础科技研究、引领原创科技成果取得重大突破。

企业在应用科技领域有其优势，企业创造的价值要适当反哺基础科技研究，才能行稳致远。一批具有强大创新能力的企业，是一个国家保持科技创新活力的重要因素，也是经济发展的助力。全面提升自主创新能力，加强科技创新，需要积极加强国际科技交流，广泛吸引全球创新人才来我国创业，加大国家科技计划对外开放力度，吸纳更多海外人才，让全球人才为中国服务。

当今世界你中有我、我中有你，世界已经成为地球村，中国要以更加开放的姿态主动融入全球科技创新体系。构建全方位的科技开放与合作新格局，拓展政府、企业、高校和科研机构等加大交流，积极参与和牵头组织前沿科技研究，加强国际合作，同时也要全力提升内功，提高我国在全球前沿科技以及基础科技领域的话语权和影响力，实现规则制定的主动权，推动全球科技共同体建设，促进世界科技创新发展。

区块链技术已经被全球瞩目，区块链技术改变了原有中介经纪生态，作为第二代互联网，其有可能打破第一代互联网创造的产业生态模式，颠覆我们现有的认知，凡是需要第三方信用背书的中介环节效率一般都比较低，依托区块链引领的点对点网络实现去中介化打造我国科技创新基础底座，实现高水平发展，自立自强。

2018年5月28日，习近平总书记在中国科学院第十九次院士大会、中国工程院第十四次院士大会上指出，我们比历史上任何时期都更接近中华民族伟大复兴的目标，我们比历史上任何时期都更需要建设世界科技强国！

2021年5月28日，习近平总书记在中国科学院第二十次院士大会、中国工程院第十五次院士大会和中国科学技术协会第十次全国代表大会上发表重要讲话指出，要建立让科研人员把主要精力放在科研上的保障机制，让科技人员把主要精力投入科技创新和研发活动。各类应景性、应酬性活动少一点科技人员参加，不会带来什么损失！决不能让科技人员把大量时间花在一些无谓的迎来送往活动上，花在不必要的评审评价活动上，花在形式主义、官僚主义的种种活动上！

科技兴则民族兴，科技强则国家强。中国要强，中国人民生活要好，必须有强大科技支撑。科技要强关键在人才，人才是加快建设科技强国的根基，实现高水平科技自立自强需要国家对科技人才在资金投入以及政策支持上做好保障机制，同时做好科技人才导向宣传，需要大量真正能够坐冷板凳的科技人才，耐得住寂寞才能迎来科技强国，真正掌握核心科技，占领未来科技制高点。

二、在区块链这个新兴领域占据创新制高点

没有创新，处处被动。没有创新，只能是原地踏步甚至倒退。发展靠创新，高质量发展更要靠创新，创新是引领发展的第一动力。党的十八大以来，习近平总书记高度重视创新发展，在多次讲话和论述中反复强调"创新"。创新，成为以习近平同志为核心的党中央治国理政的核心理念之一。

当今，区块链技术已经走过了十余年的初期发展阶段，其与产业的融合正在深入，无论是广度还是深度都在全面推进。数字化转型关键在科技，区块链天然的数字化优势开启了人类可信价值互联网时代的新征程，如果我们还没有认识到其长远的价值，那么再过十年就像当初的互联网，我们失去的将不只是机遇发展期，也将失去未来的十年战略期。

科学技术进步带来的生产力进步极大地提高了生产效率。在工业革命之前，主要是农业技术，生产力水平主要和所处的纬度以及地质相关。但是工业革命之后，生产力呈现出指数级的差距，这就带来了一个由量变到质变的过程，工业国家相对于农业国家形成了降维打击。历史上科技演进颠覆的行业太多，计算机、手机、互联网、移动互联网等出现颠覆了通信行业，智能手机与移动互联网的出现深刻颠覆了产业生态，消费模式与消费习惯发生了转变，线上与线下融合，电商模式深刻改变了生活习惯，金融也被重塑。竞争对手不再是同业而是跨界以及降维打击带来的行业颠覆。区块链作为第二代可信价值互联网，让人与人、人与物变得可信，让信誉犹如信息一样自由流动，提升了生产力，其优势具有如下特征。

◎更强的计算能力

一个去中心化系统的计算能力表现为系统中所有互联计算的计算能力之和。就算去中心化系统中使用了计算能力不强的计算机，也可以拥有超过独立的超级计算机的计算能力。

◎降低了成本

随着科技的发展，目前配置一台计算机所需要的内存、硬盘与网卡等硬件的价格大幅下降。一个去中心化系统网络，系统的搭建成本远远低于中心化时代一台超级计算机的搭建、维护与运营成本。对去中心化系统而言一个节点出问题，不会影响整个网络，更换一个去中心化系统中的节点计算机对系统的影响与开销几乎可以忽略不计。

◎更高的可靠性

去中心化系统不像中心化系统，一旦部分出问题会影响整个系统。去中心化系统中即使一个计算机节点出问题，整个系统依旧可以照常工作，从而为去中心化系统带来了更高的可靠性。一个计算机节点出问题，其他节点可以接管该节点的工作。

◎ 自增长的生态网络能力

加入去中心化系统网络的节点越多,其所有组成节点的计算能力就越强。正如比特币系统,经历了十余年的检验,如今这个没有谁来维护的系统,稳定安全地运行了十余年,这足以证明区块链系统网络是一个组织良好的去中心化系统,可以不断增加自己的自增长的生态网络能力,加入的计算机节点越多,计算能力越强,系统也越安全。

区块链具有的点对点网络系统实现了去中介化,依靠点对点的直接互动可以取代中间人,也就是实现了"脱媒现象",有可能一个简单的想法就可以重塑这个行业甚至颠覆传统行业。正如早期音乐产业中,艺术家和消费者之间,中间人的传统唱片公司及其营销和分销渠道被点对点文件共享系统替代。

可以看到每一个数字资源的生产者和消费者之间,扮演中间人角色的传统产业都将被点对点系统取代。尤其金融行业,未来中介环节会越来越少。直接交易成为可能,而不是通过中间人,这样处理时间更短,成本也更低,节省了人力物力,提升了效率。

未来,我们的生活都将受到数字化技术和点对点系统的影响。区块链作为第二代可信价值互联网,传递的是信用价值,将影响支付、贷款、储蓄、保险、出生证明、身份证、驾驶证、教育证书、护照、专利和劳动合同,这些能用数字化形成存在的地方都可以加入区块链的网络中,直接通过点对点系统提供给需要服务的对象,而不再需要一个中心的机构。

通过上面的论述,我们能够感知到区块链在完全去中心化的点对点系统中能够保持系统完备性,而且实现了去中介化,具有改变未来各个行业的潜力。当今,需要高度重视区块链技术,在区块链这个新兴领域占据创新制高点具有深远意义。

区块链科技创新更加广泛地影响着更多行业以及经济社会发展和人民生活。国家把科技创新提到前所未有的战略高度,以更大的力度、更实的措施推动科技创新迈出更大步伐,占领未来发展的制高点。把科技创新作为国家发展战略的核心，抢占未来制高点的关键，紧紧抓住技术创新这一牛鼻子，攻破关键核心技术，抢占新的制高点。要强化基础研究，提升原始创新能力，努力让我国在区块链这个新兴领域走在理论最前沿、占据创新制高点、取得产业新优势。

三、加快推进区块链核心技术突破

当我们站在未来的某一个时刻，回顾今天，2021 年一定是给区块链从业者留下深刻记忆的一年。这一年，区块链经历了十余年的发展，比特币价格突破历史高点，6 万多美元一枚，币圈与链圈进入牛市，区块链核心技术得到越来越多的产业应用，经历了从风光无限到至暗时刻的巨大反转。前半场，风险与机遇并存，起起伏伏，巨头大佬、小白新手无不争先恐后地入场，其上下游产业也如火如荼地发展；后半场，随着数字货币的大起大落，无数人仓皇退场，又仓皇进场，进进出出成为常态。2021 年，区块链技术由前半场进入中场阶段，区块链核心技术随着应用不断发展，人们对区块链越来越看清其价值，区块链不再是比特币的独家代名词。区块链已从早期的探索阶段进入应用阶段，企业应用成为区块链未来的主战场。区块链作为一种改变未来商业模式的基础设施，技术体系逐渐清晰，应用正在加速落地。

目前全球主要国家都在加大区块链核心技术的研发，我国在区块链领域拥有良好基础，要加快推动区块链技术和产业创新发展，积极推进区块链核心技术融入产业应用与经济社会融合发展。

如何加快区块链核心技术突破，首先要强化基础研究，提升原始创新能力，努力让我国在区块链这个新兴领域走在理论最前沿、占据创新制高点、取得产业新优势。要推动协同攻关，加快推进核心技术突破，为区块链应用发展提供安全可控的技术支撑。

加快推进区块链核心技术突破，使我国真正把第二代可信价值互联网核心技术掌握在自己手中，从而避免"卡脖子"事件再次出现。把握科技发展的大趋势，适应时代发展，真正把区块链核心技术作为抓手，实现核心技术突破，才能走向科技强国，而不是只重视应用，不重视核心技术基础研究，避免短视行为。

当今，区块链和新技术结合带来新的产品与服务，技术重混的价值将对未来产业变革以及经济社会发展带来指数级增长。区块链的影响力，不局限于区块链自身的技术领域和相关的产业生态圈，它还不断与大数据、人工智能、云计算、量子通信、物联网等最火热的新技术融合发展，碰撞出新的技术组合的应用价值。

区块链与云计算结合，实现了"区块链+云"的产品及解决方案，满足各领域对于区块链服务的需求。

区块链与大数据结合，依靠区块链的可信任、数据不可篡改和安全特性，保证了数据质量，并实现了区块链数据上的数据共享，打破了数据各自为政、信息孤岛的障碍，增强了数据间的流动性，提升了数据利用效率。

区块链与人工智能结合重构了生产关系。借助区块链技术构建去中心化的机器学习系统，构建安全可信、保护用户数据隐私性的高效机器学习平台，实现数据、模型以及算力的共享。人工智能提升了数据利用率，使生产力大大提高，其与区块链实现优势互补，具有很大的应用潜力。

当今，我国发展仍处于重要战略机遇期，新一轮科技革命和产业变革正在重构全球创新版图，重塑全球经济结构，以人工智能、量子信息、移动通信、物联网、区块链为代表的新一代信息技术加速突破应用，与智能制造、数字经济等产业深度融合，加快促进实体经济高质量发展。我们要把握这次战略机遇期，高度重视加快区块链核心技术突破。

区块链最终会像互联网一样，成为第二代可信价值互联网的一种基础设施。看看互联网的早期发展，站在未来历史的某个时刻，回归我们今天做的决定，它将引领我们未来能够走多远。只有方向正确了，才能实现核心科技的突破发展。

自 2021 年以来，在全球产业持续演进与变革的背景下，我国区块链技术和应用继续保持良好的发展势头。各级政府加大对区块链的关注和支持力度，许多科研院所以及企业机构加快投入区块链技术研发和应用推广。区块链技术和应用成果涌现，产业未来发展空间广阔。与此同时，区块链技术和应用发展仍然面临一些认识不足、动能不足的问题。区块链核心技术需要在研发和人才上加大投入，加大区块链核心技术的基础研究，而不只是关注上层应用的结合。

各研究院所、企业需要推动协同攻关，才能加快推进核心技术突破。在区块链核心技术上，要继续加大研发投入，鼓励共识、密码、智能合约、分布式网络、分布式通信与存储等领域加大基础研究，协同攻关。同时在行业应用上，要加大行业应用的广度与深度。时不我待，区块链已经成为未来的重要基础设施，未来会像信息一样流动起来，哪里有需要，哪里就有区块链技术引领的可信价值互联网的基础设施支撑。加快推进区块链核心技术协同攻关，才能掌握未来主动权，才能真正在区块链核心技术上取得突破。

四、激发区块链人才创新活力

我国区块链在基础理论研究、产业生态、人才培养等方面，短板日益凸显，人才创新活力不足，人才流动性不强，高校与研究院所参与度不高，企业应用参与度相对较高。

2019 年 10 月 24 日，中共中央政治局就区块链技术发展现状和趋势进行第十八次集体学习，习近平总书记在主持学习时强调，我们要把区块链作为核心技术自主创新的重要突破口，明确主攻方向，加大投入力度，着力攻克一批关键核心技术，加快推动区块链技术和产业创新发展。要实现习近平总书记强调的内容，关键在人才，人才是一切的基础。党的十九届六中全会提出:"要源源不断培养造就爱国奉献、勇于创新的优秀人才,真心爱才、悉心育才、精心用才,把各方面优秀人才集聚到党和人民的伟大奋斗中来。"①

当前,需要调度科研院所积极参与进来,加大区块链基础研究人才的培养,加大人才创新改革力度,把不符合时代发展的对人才限制的条条框框及时修改,适应科技发展需要,让人才真正发挥创新能动性,提升创新积极性,实现人才价值的最大化。

区块链从技术构想走入现实已经12年,日益显现出其赋能产业革新和助推经济建设的巨大价值。当前,在各国都积极加快布局区块链技术发展的背景下,各级领导干部必须意识到,谁抢占区块链技术创新制高点,谁就能掌控全球区块链领域的话语权以及标准制定权。

实现以上目标,关键在人才。区块链需要产学研齐头并进,才能真正有所突破,才能跟上产业发展的趋势。我们已经在第一代互联网的应用中深刻体验到核心技术受制于人对我们整个产业界、经济与社会发展等带来了巨大的损失,没有话语权,没有标准规则制定权,只是上层应用上的突破。正如一棵大树,没有核心根基,只是上面的发展都不会长久,这是我们最大的隐患。我们要引以为戒,居安思危,真正把区块链引领的第二代可信价值互联网重视起来,加大培养区块链人才的创新活力,加快推动区块链技术和产业的创新发展。

美国从"二战"后就积极吸纳全球人才为其所用,我们要抓住全面改革期,深化人才改革,把人才真正吸引过来,打破已经在互联网产业中显现的缺乏原创性技术创新,片面依赖"模式创新"的弊端。目前,区块链技术中所用到的核心技术如加密技术、共识算法等主要来自发达国家。我们要避免互联网时期的弊端,不能重走老路,要掌握发展主动权,保障互联网安全、国家安全,必须突破核心技术这个难题,在人才上加大投入,从人才制度、

---

① 《中共中央关于党的百年奋斗重大成就和历史经验的决议》,《人民日报》2021年11月17日。

人才待遇、人才激励机制、人才与产业协同等方面着手。

贯彻习近平总书记提出的抢占创新制高点的重要指示精神，关键在于打造高水平人才队伍，"功以才成，业由才广"。区块链作为多种技术重混形成的创新技术，对复合型人才需求巨大，要求从事者掌握涉及计算机技术、P2P 网络、密码学、共识机制、智能合约等多种专业技术知识。发展区块链，加强人才队伍建设是关键，要从基础研究、应用研发、产学研融合等方面建立人才培育体系。一方面要改革人才激励、评审与评价、分配机制，合力创造自由与开放的环境，允许技术人员自由创造、发挥，激发人才创新活力。另一方面要具有全球化视野，站在全球化大趋势下引进国际高端人才，双管齐下，才能为区块链产业发展提供更加充分的人才支撑，激发区块链人才创新活力。要加强人才队伍建设，建立完善人才培养体系，打造多种形式的高层次人才培养平台，培育一批领军人物和高水平创新团队。

第四讲

加快构建区块链产业生态

第四讲
加快构建区块链产业生态

一切科技应用都需要与实践相结合才能成为第一生产力。加快推动区块链技术和产业创新发展，加快推进区块链和经济社会融合发展，才能更好地发挥区块链的价值。从区块链应用的方向看，除了在数字金融领域进一步扩大和深化应用之外，还应大力推动区块链技术与实体经济深度融合，发挥其在教育、就业、养老、精准脱贫、医疗健康、商品防伪、食品安全、公益、社会救助等领域的积极作用，赋能实体经济，惠及民生领域。

一、推动区块链技术和产业创新发展

时代是思想之母，实践是理论之源。一切科技应用都需要与实践相结合，实践是检验真理的唯一标准。加快推动区块链技术和产业创新发展，加快推进区块链和经济社会融合发展才能更好地发挥区块链的价值。区块链技术与产业结合的创新实践应用不仅推动了区块链技术的发展，也检验了区块链技术的产业价值。区块链技术开启了第二代可信价值互联网时代，顺势来临时，做到顺势而为，才能让中国的科技走在世界前列，紧跟时代步伐，占领科技制高点，实现科学技术和产业协同发展，推进科学技术和经济社会融合发展。

习近平总书记强调指出，科技是国之利器，国家赖之以强，企业赖之以赢，人民生活赖之以好。[1] 习近平总书记的重要论述，科学回答了科技创新

---

[1] 习近平：《为建设世界科技强国而奋斗》，《人民日报》2016年6月1日。

一系列重大问题,为我们推进科技创新提供了根本遵循。

一是深刻领悟把科技创新摆在发展全局核心位置这个总体定位。习近平总书记强调指出,科技创新是提高社会生产力和综合国力的战略支撑,必须摆在国家发展全局的核心位置。① 这是习近平总书记科技创新重要论述的核心观点,是我们实践中必须把握的首要问题。各级党员干部都要对照这个要求自我衡量,从工作谋篇布局、领导用心用力、发展路径确定、财力保障安排上,扎扎实实把科技创新摆在全局的核心位置,切实引领发展实现根本性、整体性提升。

二是深刻领悟走中国特色自主创新道路这个战略方向。习近平总书记强调,关键核心技术是要不来、买不来、讨不来的,要敢于走前人没走过的路,努力实现关键核心技术自主可控。② 我国整体上科技力量雄厚,在全世界占有重要地位,改革开放以来更是积累了比较厚实的创新基础,完全有条件为国家的自主创新作出重要贡献,也完全有条件在自主创新,特别是建立自主可控的现代产业体系上奋力走在世界前列。

三是深刻领悟加快科技体制改革这个关键要求。我国科技创新体制机制客观上还存在不少短板与不足,一定程度上制约了科技人员创新的积极性和科研成果转化的有效性。我们要切实按照习近平总书记的要求,加快科技体制改革步伐,形成有利于出创新成果、有利于创新成果产业化的新机制,让各种科技资源有效集聚起来、创新主体充分活跃起来、创新引擎高速运转起来。

四是深刻领悟迎来历史性交汇期这个重大判断。习近平总书记指出,我们迎来了世界新一轮科技革命和产业变革同我国转变发展方式的历史性交汇期,既面临着千载难逢的历史机遇,又面临着差距拉大的严峻挑战。③ 近代以来,每次科技革命都会导致产业变革,引发大国兴替和世界格局调整。在

---

① 《坚定不移创新创新再创新 加快创新型国家建设步伐》,《人民日报》2014年6月10日。
② 习近平:《努力成为世界主要科学中心和创新高地》,《求是》2021年第6期。
③ 同上。

这样的机遇和挑战面前，作为世界上最大的发展中国家，更应该勇立潮头，只争朝夕，以英勇奋斗的姿态，写好科技创新的时代答卷。

五是深刻领悟人才是第一资源和创新根基这个重要论断。人才是创新的根基，是创新的核心要素。谁拥有了一流创新人才、拥有了一流科学家，谁就能在科技创新中占据优势，要择天下英才而用之，选好用好领军人物、拔尖人才等"关键少数"。时代发展到今天，人才的重要性比以往任何时候都突出，对人才的需求比以往任何时候都迫切。我们一定要更加重视人才的培养和引进，更加注重体制机制创新，更加注重政策支持，更加注重服务优化，让各类人才各得其所、各显其能、各建其功。

回顾整个人类科技发展史，人类生活方式的改变与进步，无不与科学技术的发展有着直接的关系。每一次科技变革都伴随着某种意义上的"距离"变革，为人类带来了生活便利。交通工具的发展让地球成了地球村，缩短了人们在地理上的距离，交通的便利拓展了人的发展半径，促进了工作方式的转变。历史的早期，人类依靠步行，生活的半径大大受限，随着火车、汽车、飞机、高铁等交通工具的发展，人们的生活半径从方圆几百里变成走遍全球，大大提高了生活水平。通信的发展缩短了时空距离，早期的人们通过书信传递、飞鸽传书，当今的人们随着互联网、移动互联网以及智能手机的普及应用，一机在手，就可以浏览全球信息资讯，给人们的社会生活习惯和产业生态都带来了颠覆性的认知和变革。新的产业诞生，旧的产业消亡。只有顺应时代发展趋势的产业，才能不被时代淘汰。资讯的发展让人们获得的信息逐渐增多，人们需要对更多的信息进行分类、归纳总结，才能获得有用的知识。人工智能的应用帮助人们提升了对信息的认知，缩短了认知的距离。区块链技术的诞生解决了信任的问题，让陌生人与陌生人依靠科技解决了彼此信任的顾虑，实现了可信价值互联网的交易。在区块链网络里，人人平等，所有信息开放、透明、可追溯、不可篡改、历史留痕，人们在没有任何中心化机构背书的情况下，实现了价值交换，提升了产业生产力，提高了生产效率。

赋能未来
区块链助力高质量发展

我国数字经济规模稳步增长，经济社会智能化进程全面加速，计算内需市场不断扩大；新型举国体制优势进一步凸显，产业发展环境持续优化，国际技术和产业合作向纵深发展。当前，海量数据处理对计算需求持续快速增长以及信息技术创新不断加速，催生出全球计算技术和产业的大变局。当前，计算体系呈现多样化、多路线共存演进，加速器有望取代通用处理器成为数据中心主算力，混合异构计算平台加速发展，内存计算、多芯片封装等新理念、新技术正在打破经典计算"内存墙""功耗墙"，量子计算、类脑计算等非经典计算从理论走向实践。全球计算技术百花齐放、百家争鸣，新的产业体系逐步构建，这正是我国计算产业实现跨越式发展的关键战略机遇期。我国计算产业发展迎来两个机遇，一方面是数字经济发展、行业数字化转型对优质算力的需求为计算产业提供广阔成长空间；另一方面是多技术路线并行演进为计算产业自主发展提供机遇。

纵观整个互联网的发展，互联网技术一直以来处于高速发展状态，为人们带来了生活的便利与生活生态的变革，也给人们的生活方式带来了巨大的革新。区块链技术的发展历程又与互联网的发展历程极其相似，其作为可信价值互联网的基础设施，需要我国抓住这次机遇，加快推动区块链技术和产业创新发展，加快推进区块链和经济社会融合发展，实现区块链与产业以及与经济协同发展、相辅相成，拓展其产业应用的深度与广度，促进适应未来的经济转型升级融合发展。

习近平总书记在中央政治局第十八次集体学习时强调，我国在区块链领域拥有良好基础，要加快推动区块链技术和产业创新发展，积极推进区块链和经济社会融合发展。区块链技术只有与产业结合，才能更好地服务实体经济，提升产业生产力。加快推动区块链技术和产业创新发展，积极推进区块链与经济社会融合发展，不仅有利于拓展区块链技术的应用领域和发展前景，也将助力我国在全球科技竞争中取得领先优势，推动我国经济实现高质量发展。

第四讲 加快构建区块链产业生态

推动区块链技术和产业创新发展以及与经济的融合发展，需要着重做好以下两方面工作。

第一，把区块链作为核心技术自主创新的重要突破口，高度认识区块链作为未来的核心科技也是我国自主创新的重要突破口。当前，区块链技术诞生不久，我国有先发优势，无论是人才，还是基础设施，都为区块链技术的发展提供了保障。国家在政策方面密集推出，为区块链从政策上保驾护航，积极支持区块链产学研结合协同发展。我们要把区块链作为核心技术自主创新的重要突破口，明确主攻方向，加大投入力度，着力攻克一批关键核心技术。目前，全球许多国家都在加快布局区块链技术发展。我国在区块链领域拥有良好基础，有条件、有能力把区块链作为核心技术自主创新的重要突破口。

第二，还要高度重视区块链技术引发的产业变革带来的经济影响。纵观互联网的发展历程，科学技术飞速发展，也是生产力和生活水平迅猛提高的历程。"科学技术是第一生产力"的论断在科学技术和生产实践中得到了充分检验。从技术发展的角度看，区块链作为第二代可信价值互联网，是互联网技术的发展与延续，让互联网技术实现了价值流通，实现了信息更可信赖、更安全、更透明等。价值流通互联网让信息和机器智能、物联网等技术深度融合，实现了全自动化，进一步推动了产业变革与经济发展，大大提升了生产力。

当前，区块链产业应用如火如荼，从业人员正在积极探索区块链如何更好地服务实体经济，并且加速落地商业应用。随着区块链技术的发展，区块链将渗透到未来更多的产业应用中，区块链也将如互联网一样融入人们的生活，改变人们的生活习惯以及经济运行模式。

在未来，"万物互联，万物皆智能"将不再是一个口号，区块链以其去中心化、传递可信价值的特性和功能，将开启区块链与产业大发展的新时代，抓住机遇，加快推动区块链技术和产业创新发展，加快推进区块链和经济社会融合发展是时代趋势，是顺势而为。各级领导干部要紧跟时代步伐，把握科技发展的趋势与规律，才能顺势而为，实现科技与产业以及经济相辅相成，协同促进人类发展。

二、推动区块链等技术集成创新和融合应用

一个人的力量是有限的，但是众人拾柴火焰高；一个人的能力是很单薄的，但是如果有大家的帮忙就能办得更好。历史上刘邦重用张良、韩信、萧何，得以创建帝业；刘备重用孔明、关羽、张飞、赵云，得以立足天下，只有团结协作、齐心协力才能最终成功。

科技也不例外，单独一项科技可能发挥不出巨大价值，可能没有用武之地，经过多种技术重混的组合才能发挥科技协同的巨大动能，各取所长，彼此成就，合作共赢。区块链和人工智能、大数据、物联网、云计算等前沿信息技术的深度融合将帮助产业提质增效，科技集成推动创新和融合应用。如图 4-1 所示，区块链、大数据、人工智能以及云计算技术共同推动科技的发展，相辅相成。

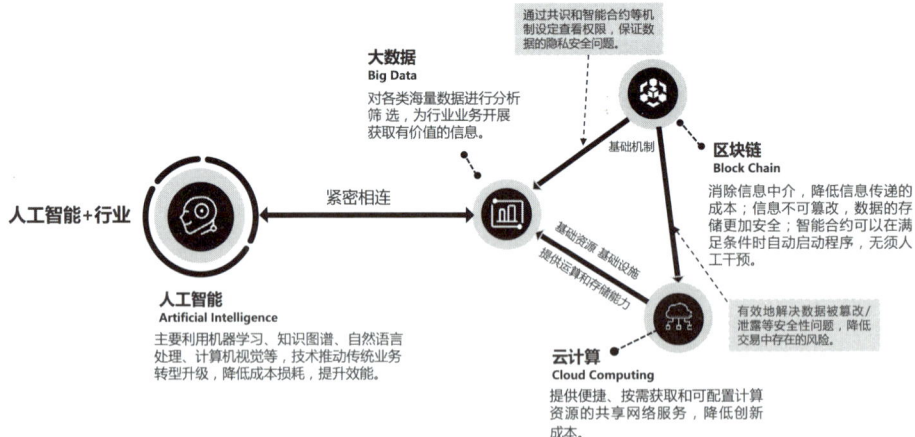

图 4-1 区块链、大数据、人工智能及云计算融合集成

第四讲
加快构建区块链产业生态

大数据（Big Data）：大数据是指无法在一定时间范围内用常规软件工具进行捕捉、管理和处理的数据集合，是需要新处理模式才能具有更强的决策力、洞察发现力和流程优化能力的海量、高增长率和多样化的信息资产。与传统关系型数据相比，具有大量（Volume）、高速（Velocity）、多样（Variety）、低价值密度（Value）、真实性（Veracity）的特点。

人工智能（Artificial Intelligence，AI）：它是一门研究、开发用于模拟、延伸和扩展人的智能的理论、方法、技术及应用系统的新的技术科学。人工智能是计算机科学的一个分支，它企图了解智能的实质，并生产出一种新的能以与人类智能相似的方式做出反应的智能机器，该领域的研究包括机器人、语言识别、图像识别、自然语言处理和专家系统等。人工智能从诞生以来，理论和技术日益成熟，应用领域也不断扩大，可以设想，未来人工智能带来的科技产品，将会是人类智慧的"容器"。人工智能可以对人的意识、思维的信息过程进行模拟。人工智能不是人的智能，但能像人那样思考，也可能超过人的智能。人工智能是一门极富挑战性的科学，从事这项工作的人必须懂得计算机知识、心理学和哲学。人工智能由不同的领域组成，如机器学习、计算机视觉等，其主要目标是使机器能够胜任一些通常需要人类智能才能完成的复杂工作。

云计算（Cloud Computing）：是分布式计算的一种，指的是通过网络"云"将巨大的数据计算处理程序分解成无数个小程序，然后，通过多部服务器组成的系统进行处理和分析这些小程序得到结果并返回给用户。云计算早期就是简单的分布式计算，解决任务分发，并进行计算结果的合并。因而，云计算又称为网格计算。这项技术可以在很短的时间内（几秒钟）完成对数以万计的数据的处理，从而达到强大的网络服务效果。现阶段所说的云服务已经不单单是一种分布式计算，而是分布式计算、效用计算、负载均衡、并行计算、网络存储、热备份冗余和虚拟化等计算机技术混合演进并跃升的结果。

物联网（Internet of Things，IoT）：起源于传媒领域，是信息科技产业的第三次革命。物联网是指通过信息传感设备，按约定的协议，将任何物体与网络相连接，物体通过信息传播媒介进行信息交换和通信，以实现智能化识别、定位、跟踪、监管等功能。在物联网应用中有三项关键，分别是感知层、网络传输层和应用层。

区块链、云计算、物联网等作为底层基础平台，为上层大数据和人工智能的应用提供基础保障。没有云计算的大数据犹如镜中花、水中月，没有实际价值。区块链技术只有与大数据、云计算、物联网以及人工智能相辅相成，各取所长，深度融合与集成才能发挥更大的产业应用优势，实现科技输出价值的最大化。

区块链实现可信价值互联网的信息通信传递，物联网实现了设备通信的互联互通，云计算实现了数据的存储与计算，大数据实现了对数据的处理与分析，人工智能实现了对相关行业形成的海量大数据依托其机器学习、知识图谱、自然语言处理、计算机视觉推动传统业务转型升级，降低成本损耗，提升效能。

多种科技的重混组合，只有真正实现深度融合集成，才能真正实现"1+1>2"。

习近平总书记强调要加快区块链和人工智能、大数据、物联网等前沿信息技术的深度融合，推动集成创新和融合应用。[①] 要推动区块链底层技术服务和新型智慧城市建设相结合，探索在智慧交通等领域的推广应用，提升城市管理的智能化、精准化水平，为我们科技发展的应用指明了方向。

三、推动完善区块链产业生态系统

每个人都不可能离开他人而独立存在于社会中，科技也不例外，不可能

[①]《把区块链作为核心技术自主创新重要突破口 加快推动区块链技术和产业创新发展》，《人民日报》2019年10月26日。

第四讲 加快构建区块链产业生态

脱离产业应用而独自发展。科技与产业协同融合才能更好地服务好市场以及改善人们的社会生活。区块链技术需要和其他产业融合，进一步打通创新链、应用链和价值链，提升区块链技术的创新能力、拓展区块链应用的广度与深度，进一步挖掘区块链的价值。

人类生活的现实生态是一个多种产业共存的生态，你中有我，我中有你，交叉融合、相互渗透、相互促进。不同层次的产业，如农业、工业、服务业、信息业、知识业进一步加大产业融合，实现产业链、产业网相互渗透、相互包含、融合发展的产业形态与经济增长方式，用无形渗透有形、高端统御低端、先进提升落后、纵向带动横向，使低端产业成为高端产业的组成部分，实现产业向数字化、智能化到智慧化转变的运营增长方式、发展经营模式。

纵观整个人类产业发展的生态历史，第一产业农业为基础，第二产业工业为中介，第三产业服务业为核心，第四产业信息业为配套，是在产业层面通过资源优化配置实现资源优化再生、推动产业升级的系统工程。产业融合是以知识产业为主导，以第三产业为核心，体现了党中央以人民为中心的发展思想，又能多维度提高产业、产品的附加值，带动产业协同发展，不断形成新的合力与经济增长点，是通过资源优化配置实现资源优化再生的智慧经济与科学发展观的重要组成部分。现代化经济体系通过产业融合实现产业升级，借助产业网能有效提升合力，实现产业融合的组织形式、运营模式与产业形态。当今，科技与产业融合让科技找到用武之地，让产业插上了腾飞的翅膀，飞得更高，走得更远。科技为产业带来了巨大价值，产业也为科技带来了实验场地，两者相辅相成，真正实现了产业由数字化到智能化、由智能化到智慧化的产业生态发展模式。

所谓产业生态，就是由社会产业要素资源构成的、遵循经济学规律的、相互依赖的动态产业空间；所谓产业链，就是该空间中的产业要素资源、遵循上述规律结成的上、下游动态关系网。

只有不同产业或同一产业不同行业相互渗透、相互交叉，最终融合为一体，形成合力，才能加快产业发展，发挥巨大产业价值。通过产业融合可分为产业渗透、产业交叉和产业重组提质增效。加快产业发展需要通过产业融合，这是产业发展的必然选择，也是加快产业发展的趋势。

加快产业发展的具体实施策略：

（1）从科技的角度看，需要在技术融合、数字融合的基础上让产业边界模糊化，真正实现无缝衔接，正如科技领域自己的内部融合，如计算机、通信和广播电视业的三网融合。

（2）产业融合可以加快产业发展，逐步从技术的融合到产品和业务的融合，再到市场的融合，最后达到产业融合，从而加快产业发展。

（3）产业需要在产品功能上做改变，提供该产品的机构或公司组织之间边界开始模糊，相互渗透、相互协同才能避免过度分裂，要你中有我，我中有你，协同发展，才能真正共同发展，实现与时俱进的产业发展新生态。

（4）不同产业或同一产业在不同行业的技术与制度创新的基础上，要相互协同、相互渗透、相互交叉，最终融合为一体，逐步形成新型产业形态的与时俱进的动态发展模式。

区块链技术作为未来的核心技术，也是我国科技跨越发展的机遇、真正实现弯道超车、布局下一代互联网的大好时机。抓住第二代可信价值互联网的发展机遇，需要进一步加大产业创新链、应用链与价值链三链的协同，打通三链堵点，让三链畅通，实现三链相辅相成，真正实现三链产业融合发展。要强化基础研究，提升原始创新能力，努力让我国在区块链这个新兴领域走在理论最前沿、占据创新制高点、取得产业新优势。要加快产业发展，发挥好市场优势，进一步打通创新链、应用链、价值链。要构建区块链产业生态，加快区块链和人工智能、大数据、物联网等前沿信息技术的深度融合，推动集成创新和融合应用。如图 4-2 所示，"创新链 + 应用链 + 价值链"形成铁三角，其中：创新链是灵魂，是推动社会进步的关键；应用链是根本，创新是为应用更好地服务；价值链是创新链和应用链的价值体现，是输出创新链和应用链赋能的价值体现。

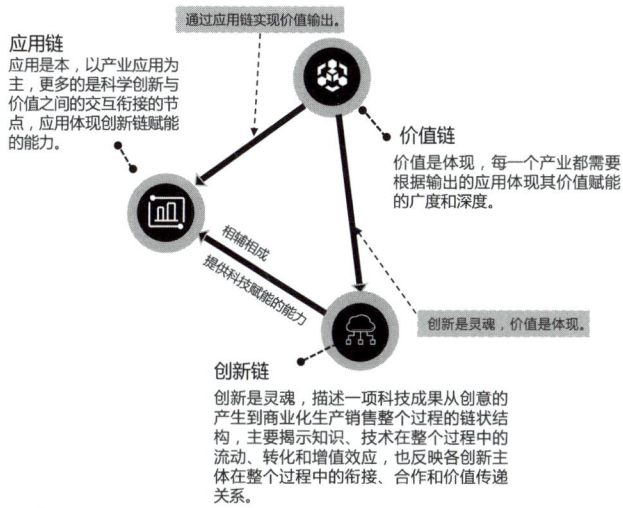

图 4-2 "创新链 + 应用链 + 价值链"铁三角

创新链: 指围绕某一个创新的核心主体,以满足市场需求为导向,通过知识创新活动将相关的创新参与主体连接起来,以实现知识的经济化过程与创新系统优化目标的功能链状结构模式。创新链是描述一项科技成果从创意的产生到商业化生产销售整个过程的链状结构,主要揭示知识、技术在整个过程中的流动、转化和增值效应,也反映各创新主体在整个过程中的衔接、合作和价值传递关系。

应用链: 应用是本,以产业应用为主,更多的是科学创新与价值之间的交互衔接的节点,应用体现创新链赋能的能力。

价值链: 此概念首先由迈克尔·波特(Michael E.Porter)于 1985 年提出。最初,波特所指的价值链主要是指针对垂直一体化公司的,强调单个企业的竞争优势。随着国际外包业务的开展,波特于 1998 年进一步提出了价值体系(Value System)的概念,将研究视角扩展到不同的公司之间,这与后来出现的全球价值链(Global Value Chain)概念有一定的共通之处。之后,寇伽特也提出了价值链的概念，他的观点比波特的观点更能反映价值链的垂直分离和全球空间再配置之间的关系。2001年，格里芬在分析全球范围内国际分工与产业联系问题时，提出了全球价值链概念。全球价值链概念提供了一种基于网络，用来分析国际性生产的地理和组织特征的分析方法，揭示了全球产业的动态性特征。

创新是一个民族进步的灵魂，是一个国家兴旺发达的不竭动力，创新也是引领发展的第一动力。创新的内涵包括理论创新、制度创新、技术创新、文化创新及其他各方面的创新。科技也不例外，需要加大创新链，提升创新链产业相关方的协同攻关与发展。

创新链、应用链和价值链三者相辅相成，打通创新链、应用链和价值链所形成的铁三角，需要协同发展，真正融合形成一体，才能发挥三链融合的巨大价值。需要打通堵点，让三链畅通，衔接好，才能更好地赋能整个产业生态发展。

第五讲

把区块链作为推进跨越式高质量发展的重要突破口和动力源

第五讲
把区块链作为推进跨越式高质量发展的重要突破口和动力源

当前,我国经济已由高速增长阶段转向高质量发展阶段,必须把创新摆在发展全局的核心位置,激活高质量发展的第一动力。实现经济高质量发展,就是创新发展、转型升级,加快产业链、创新链、金融链、政策链高效融合,构建更具活力的创新创业生态系统,着力打造区域科技创新高地。区块链技术可以更便捷地处理生产关系,大幅提升生产效率,助力经济高质量发展,为各行各业赋能,帮助各行各业理顺生产关系,成为经济腾飞的催化剂。必须加快区块链技术创新赋能实体经济,积极利用区块链技术探索数字经济模式创新,充分发挥区块链在经济高质量发展中的重要作用。

一、我国经济已由高速增长阶段转向高质量发展阶段

发展是解决我国一切问题的基础和关键,发展必须是科学发展,必须坚定不移贯彻创新、协调、绿色、开放、共享的新发展理念。必须坚持和完善我国社会主义基本经济制度和分配制度,毫不动摇巩固和发展公有制经济,毫不动摇鼓励、支持、引导非公有制经济发展,使市场在资源配置中起决定性作用,更好发挥政府作用,推动新型工业化、信息化、城镇化、农业现代化同步发展,主动参与和推动经济全球化进程,发展更高层次的开放型经济,不断壮大我国经济实力和综合国力。

2015年10月26日,习近平总书记在中国共产党第十八届中央委员会第五次全体会议提出,我们将牢固树立创新、协调、绿色、开放、共享的发展

理念。一是坚持创新发展，就是把创新摆在国家发展全局的核心位置，让创新贯穿党和国家一切工作，让创新在全社会蔚然成风。二是坚持协调发展，就是重点促进城乡区域协调发展，促进经济社会协调发展，促进新型工业化、信息化、城镇化、农业现代化同步发展，在增强国家硬实力的同时注重提升国家软实力，不断增强发展整体性。三是坚持绿色发展，就是坚持节约资源和保护环境的基本国策，坚持可持续发展，形成人与自然和谐发展现代化建设新格局，为全球生态安全作出新贡献。四是坚持开放发展，就是奉行互利共赢的开放战略，发展更高层次的开放型经济，积极参与全球经济治理和公共产品供给，构建广泛的利益共同体。五是坚持共享发展，就是坚持发展为了人民、发展依靠人民、发展成果由人民共享，使全体人民在共建共享发展中有更多获得感，朝着共同富裕方向稳步前进。

党的十八大以来，以习近平同志为核心的党中央深刻总结国内外发展的经验教训，分析国内外发展大势，着眼新的发展实践，深入推进发展的理论创新，在发展目标、发展动力、发展布局、发展保障等方面形成的经济思想，是习近平新时代中国特色社会主义思想的重要组成部分。它在发展理论和实践上实现了新的重大突破，对破解当今中国的发展难题、增强发展动力、厚植发展优势具有重大指导意义。2017年12月18日至20日举行的中央经济工作会议指出，5年来，我们坚持观大势、谋全局、干实事，成功驾驭了我国经济发展大局，在实践中形成了以新发展理念为主要内容的习近平新时代中国特色社会主义经济思想。习近平新时代中国特色社会主义经济思想具有丰富内涵，新发展理念是习近平新时代中国特色社会主义经济思想的主要内容。习近平新时代中国特色社会主义经济思想的丰富内涵主要体现为：坚持加强党对经济工作的集中统一领导，保证我国经济沿着正确方向发展；坚持以人民为中心的发展思想，贯穿到统筹推进"五位一体"总体布局和协调推进"四个全面"战略布局之中；坚持适应把握引领经济发展新常态，立足大局，把握规律；坚持使市场在资源配置中起决定性作用，更好发挥政府作用，

第五讲
把区块链作为推进跨越式高质量发展的重要突破口和动力源

坚决扫除经济发展的体制机制障碍;坚持适应我国经济发展主要矛盾变化完善宏观调控,相机抉择,开准药方,把推进供给侧结构性改革作为经济工作的主线;坚持问题导向部署经济发展新战略,对我国经济社会发展变革产生深远影响;坚持正确工作策略和方法,稳中求进,保持战略定力、坚持底线思维,一步一个脚印向前迈进。

2021年11月11日,中国共产党第十九届中央委员会第六次全体会议通过的《中共中央关于党的百年奋斗重大成就和历史经验的决议》提出,改革开放以后,党扭住经济建设这个中心,领导人民埋头苦干,创造出经济快速发展奇迹,国家经济实力大幅跃升。同时,由于一些地方和部门存在片面追求速度规模、发展方式粗放等问题,加上国际金融危机后世界经济持续低迷影响,经济结构性体制性矛盾不断积累,发展不平衡、不协调、不可持续问题十分突出。党中央提出,我国经济发展进入新常态,已由高速增长阶段转向高质量发展阶段,面临增长速度换挡期、结构调整阵痛期、前期刺激政策消化期"三期叠加"的复杂局面,传统发展模式难以为继。党中央强调,贯彻新发展理念是关系我国发展全局的一场深刻变革,不能简单以生产总值增长率论英雄,必须实现创新成为第一动力、协调成为内生特点、绿色成为普遍形态、开放成为必由之路、共享成为根本目的的高质量发展,推动经济发展质量变革、效率变革、动力变革。①

新时代我国经济发展的基本特征,是由高速增长阶段转向高质量发展阶段。高质量发展,集中体现了坚持以提高发展质量和效益为中心,是为了更好满足人民日益增长的美好生活需要的发展,是体现新发展理念的发展。更通俗地说,高质量发展,就是从"有没有"转向"好不好"。推动高质量发展,对于我国发展全局具有重大现实意义和深远历史意义。当前,中国经济发展的内在支撑条件和外部需求环境发生了深刻变化,这使得我国原有主要依靠

① 《中共中央关于党的百年奋斗重大成就和历史经验的决议》,《人民日报》2021年11月17日。

要素投入、外需拉动、投资拉动、规模扩张的增长模式难以为继，迫切需要转变发展方式、优化经济结构、转换增长动力，要求中国经济必须向追求高质量和高效益增长的模式转变。因此，推动高质量发展，既是保持中国经济持续健康发展的必然要求，也是适应我国经济结构变化和全面建成小康社会进而全面建设社会主义现代化国家的必然选择。

我国经济已由高速增长阶段转向高质量发展阶段，必须在习近平新时代中国特色社会主义思想指引下，加快形成推动高质量发展的指标体系、政策体系、标准体系、统计体系、绩效评价、政绩考核，创建和完善制度环境，推动我国经济在实现高质量发展上不断取得新进展。建设现代化经济体系是中国特色社会主义进入新时代的背景下我国经济发展的战略目标，是紧扣新时代中国社会主要矛盾转化、落实中国特色社会主义经济建设布局的内在要求，是决胜全面建成小康社会、开启全面建设社会主义现代化国家新征程的基本途径，也是适应中国经济由高速增长阶段转向高质量发展阶段，优化经济结构、转变经济发展方式、转换经济增长动力和全面均衡发展的迫切需要，意义深远而重大。

现代化经济体系，是由社会经济活动各个环节、各个层面、各个领域的相互关系和内在联系构成的有机整体。这个经济体系主要包括以下几个方面内容：一是建设创新引领、协同发展的产业体系，实现实体经济、科技创新、现代金融、人力资源协同发展，使科技创新在实体经济发展中的贡献份额不断提高，现代金融服务实体经济的能力不断增强，人力资源支撑实体经济发展的作用不断优化；二是建设统一开放、竞争有序的市场体系，实现市场准入畅通、市场开放有序、市场竞争充分、市场秩序规范，加快形成企业自主经营公平竞争、消费者自由选择自主消费、商品和要素自由流动平等交换的现代市场体系；三是建设体现效率、促进公平的收入分配体系，实现收入分配合理、社会公平正义、全体人民共同富裕，推进基本公共服务均等化，逐步缩小收入分配差距；四是建设彰显优势、协调联动的城乡区域发展体系，实现区域良性互动、城乡融合发展、陆海统筹整体优化，培育和发挥区域比较优势，加强区域优势互补，塑造区域协调发展新格局；五是建设资源节约、环境友好的绿色发展体系，实现绿色循环低碳发展、人与自然和谐共生，牢固树立和践行绿水青山就是金山银山理念，形成人与自然和谐发展现代化建设新格局；六是建设多元平衡、安全高效的全面开放体系，发展更高层次开放型经济，推动开放朝着优化结构、拓展深度、提高效益方向转变；七是建设充分发挥市场作用、更好发挥政府作用的经济体制。推进供给侧结构性改革，建设现代化经济体系，推动我国经济实现高质量发展，必须处理好政府和市场的关系，使市场在资源配置中起决定性作用，更好发挥政府作用。以上七个方面是统一的整体，要一体建设、一体推进。

现代化经济体系的主要任务是：

一是深化供给侧结构性改革，这是建设现代化经济体系的战略措施。随着我国社会主要矛盾转化和经济由高速增长阶段转向高质量发展阶段，制约经济持续健康发展的因素既有供给问题，也有需求问题；既有结构问题，也有总量问题。但供给侧和结构性问题是矛盾的主要方面。供给结构失衡，不能适应需求结构的变化；供给质量不高，不能满足人民美好生活和经济转型升级的需求；金融、人才等资源配置存在"脱实向虚"现象，影响了发展基础的巩固。必须把发展经济的着力点放在实体经济上，把提高供给体系质量作为主攻方向，显著增强我国经济质量优势。

二是加快建设创新型国家，这是建设现代化经济体系的战略支撑。经过长期努力，我国科技发展成就显著，一些重大科技成果进入世界先进行列。但是，我国科技创新能力与经济实力还不相称，与经济建设主战场和人民美好生活的需求还不适应。必须坚定不移贯彻创新发展理念，深入实施科教兴国战略、人才强国战略、创新驱动发展战略，努力实现到2035年跻身创新型国家前列的目标。

三是实施乡村振兴战略，这是建设现代化经济体系的重要基础。进入21

世纪以来，我国农业已连续十几年获得丰收，粮食产量连续 4 年超过 1.2 万亿斤，农民收入增速连续 7 年快于城镇居民收入增速，农业的主要矛盾已由总量不足转变为结构性失衡，矛盾的主要方面在供给侧。必须始终把解决"三农"问题作为全党工作重中之重，建立健全城乡融合发展体制机制和政策体系，加快推进农业农村现代化，深化农业供给侧结构性改革。

四是实施区域协调发展战略，这是建设现代化经济体系的内在要求。我国幅员辽阔，各地发展很不平衡。必须坚持协调发展理念，优化区域发展格局，推进新型城镇化，逐步缩小差距。协调推动西部大开发、东北振兴、中部崛起、东部率先发展；协调推动"一带一路"相关地区开放开发、京津冀协同发展、长江经济带保护发展、粤港澳大湾区建设；支持老少边穷地区加快发展，支持资源型地区经济转型发展，加快边疆发展，加快建设海洋强国；以城市群为主体构建大中小城市和小城镇协调发展的城镇格局，提高城市承载能力，加快农业转移人口市民化。

五是加快完善社会主义市场经济体制，这是建设现代化经济体系的制度保障。推动经济转型升级，要害在创新，关键靠改革。必须以完善产权制度和要素市场化配置为重点深化经济体制改革，坚决破除制约发展活力和动力的体制机制障碍。坚持和完善我国社会主义基本经济制度和分配制度，毫不动摇巩固和发展公有制经济，毫不动摇鼓励支持引导非公有制经济发展，完善国有资产管理体制，深化国有企业改革，支持民营企业发展；深化商事制度改革，全面实施市场准入负面清单制度，加快要素价格市场化改革，完善市场监管体制；创新和完善宏观调控，发挥国家发展规划战略性导向作用，健全财政、货币、产业、区域、消费、投资等经济政策协调机制，加快建立现代财政制度，深化金融体制改革。

六是推动形成全面开放新格局，这是建设现代化经济体系的必要条件。必须统筹国内国际两个大局，贯彻开放发展理念，坚持对外开放的基本国策，发展更高层次的开放型经济。以"一带一路"建设为重点，坚持引进来和走出去并重,形成陆海内外联动、东西双向互济的开放格局;拓展对外贸易,培育外贸新业态新模式,优化进出口结构;全面实行准入前国民待遇加负面清单管理制度,大幅度放宽市场准入,扩大服务业对外开放,优化区域开放布局;创新对外投资方式,促进国际产能合作,形成面向全球的贸易、投资、生产、服务网络。

习近平总书记在党的十九大报告中指出,我国经济已由高速增长阶段转向高质量发展阶段。这是根据国际国内环境变化,特别是我国发展条件和发展阶段变化作出的重大判断。中国特色社会主义进入了新时代,我国经济发展也进入了新时代,科技与经济深度融合也进入新时代。这一重大判断对我国未来发展具有重大现实意义和深远历史意义。

习近平总书记围绕我国经济已由高速增长阶段转向高质量发展阶段,发表了一系列重要论述,指出来我国经济发展的方向和要求。2017年10月18日,习近平总书记在中国共产党第十九次全国代表大会上的报告中指出,我国经济已由高速增长阶段转向高质量发展阶段,正处在转变发展方式、优化经济结构、转换增长动力的攻关期,建设现代化经济体系是跨越关口的迫切要求和我国发展的战略目标。2017年10月30日,习近平总书记在会见清华大学经济管理学院顾问委员会海外委员和中方企业家委员时的讲话中指出,中国经济已经由高速增长阶段转向高质量发展阶段。中国经济发展的战略目标就是要在质量变革、效率变革、动力变革的基础上,建设现代化经济体系,提高全要素生产率,不断增强经济创新力和竞争力。2017年12月12日至13日,习近平总书记在江苏徐州市考察时强调,我国经济由高速增长转向高质量发展,这是必须迈过的坎,每个产业、每个企业都要朝着这个方向坚定往前走。2018年3月7日,习近平总书记在参加十三届全国人大一次会议广东代表团审议时强调,构建推动经济高质量发展的体制机制是一个系统工程,要通盘考虑、着眼长远、突出重点、抓住关键。要全面推进体制机制创新,提高资源配置效率效能,推动资源向优质企业和产品集中,推动创新要素自由流动和聚集，使创新成为高质量发展的强大动能，以优质的制度供给、服务供给、要素供给和完备的市场体系，增强发展环境的吸引力和竞争力，提高绿色发展水平。2018年6月12日至14日，习近平总书记在山东考察时强调，推动高质量发展关键是要按照新发展理念的要求，以供给侧结构性改革为主线，推动经济发展质量变革、效率变革、动力变革。2018年10月31日，习近平总书记在十九届中央政治局第九次集体学习时强调，我国经济已由高速增长阶段转向高质量发展阶段，正处在转变发展方式、优化经济结构、转换增长动力的攻关期，迫切需要新一代人工智能等重大创新添薪续力。2020年6月8日，习近平总书记在宁夏考察调研时强调，加快转变经济发展方式，加快产业转型升级，加快新旧动能转换。要牢固树立新发展理念，真正做到崇尚创新、注重协调、倡导绿色、厚植开放、推进共享。要坚持以供给侧结构性改革为主线，向结构要质量、向转型要效益、向创新要动力。

2021年5月，第七次人口普查报告正式出炉，0~14岁的未成年人约占17.95%，15~59岁的群体约占63.35%，60岁及以上的群体约占18.70%，与2010年第六次全国人口普查的数据相比，60岁及以上人口比重上升了5.44个百分点，而15~59岁的群体，人口比例反而下降了约6.79个百分点。研究发现最早出现老龄化的国家是法国，它的发展是一个非常漫长的过程，大约150年的时间。而从年轻型过渡到老龄化国家，中国只用了30年的时间。中国老龄化程度加深，已经迈入深度老龄化的趋势，老年人口迅速上升，社会在不断发展，人的寿命也在不断上升，中国人口老龄化程度会不断加深，对制造业、经济和劳动力影响巨大。中国必须转变发展观念，依靠科技助力经济由高速增长阶段转向高质量发展阶段。目前，我国正处于转变发展方式的关键阶段，随着老龄化趋势的发展，劳动力成本上升，资源环境约束增大，粗放的发展方式难以为继，经济循环不畅问题十分突出。

因此，必须转变发展模式，由经济高速发展向高质量发展转变。农业发展需要从散户农业走向依靠机械化建设智慧化农业的发展，提升农业发展质量。工业制造需要加大科技研发，提升工业制造智能化，向工业4.0智能制造迈进。整个产业模式需要把提高供给体系质量作为主攻方向，彻底改变过去主要靠要素投入、规模扩张，忽视质量效益的粗放式增长，转变手工模式，尤其是以人为主到人与机器协作再到机器智能化的发展模式。当前，不合理的发展模式、低端的发展模式、高能耗与高污染的发展模式产生的产能过剩、产品库存、杠杆增加、风险加大、效益低下、竞争力不足、环境破坏严重等问题，需要在发展中加以解决，需要通过提高质量和效益实现经济的良性循环和全球竞争力提升。高质量发展模式可以降低功耗，实现人与自然和谐发展，实现更加环保的发展模式，助力环境改善，为子孙后代留住青山绿水。

高质量发展关键要转变观念，向科技要质量，提升科技与产业经济的深度融合。中国特色社会主义进入新时代，我国社会主要矛盾已经转化为人民日益增长的美好生活需要和不平衡不充分的发展之间的矛盾。人民群众期盼有更好的教育、更稳定的工作、更满意的收入、更可靠的保障、更高水平的医疗卫生服务、更舒适的居住条件、更优美的环境、更丰富的精神文化生活，但发展不平衡不充分的问题成为影响满足人民美好生活需要的主要因素。现阶段的主要矛盾要求我们放弃粗放型发展模式以及过度追求速度偏好，重视发展质量。

受新冠肺炎疫情影响，世界经济在2021年复苏乏力、持续低迷，外部需求对中国经济的拉动作用明显弱化。我国劳动年龄人口（15~59岁）进入下降阶段，劳动力成本优势逐渐减弱；更多新兴经济体加快了工业化步伐，利用其劳动力低成本优势吸纳制造业投资，加剧了世界市场竞争。我国目前需要实现国内和国际双循环，内部为主，提升自己，实现我国经济由高速增长阶段转向高质量发展阶段。当前，全国上下要提高认识，我国市场需求结构需要加快升级，在核心科技领域，"卡脖子"现象严重制约了中国产业经济发展。目前，国内供给侧还不能很好满足需求结构的变化，导致越来越多的高端需求转向海外市场。伴随着上述国际市场环境和国内要素条件的变化，我国经济发展需要进入新阶段，充分认识当前转变发展模式的重要性。内外部条件的变化，使得我国原有经济高速增长模式越来越受到制约，迫切需要转变发展方式、优化经济结构、转换增长动力。

如何推进高质量发展？第一，把握经济发展不同阶段采取不同的发展模式，以前依靠人力的粗放式经济发展模式已经不适应未来经济的发展模式。第二，转变发展观念，提升思想认识，按照新发展理念的要求突破旧框框，狠抓质量与效率，提质增效。第三，推进科技与产业协同发展，加大核心科技支持力度，实现符合未来时代发展需求的高科技支撑的经济发展模式，由以前以人为主的手工模式转变到依靠科技建设数字化、智能化、智慧化的产业经济模式。第四，加大人才培养力度，聚焦全球人才，吸纳全球人才为我国服务。全面推进建设适应经济高质量发展的体制机制，提高资源配置效率效能。

二、发挥区块链在经济高质量发展中的五大作用

区块链作为未来第二代可信价值互联网的基础设施，将为未来经济高质量发展提供科技支撑。依据区块链技术的独特优势，区块链技术未来将在促进数据共享、优化业务流程、降低运营成本、提升协同性、建设可信体系等方面发挥巨大作用。

区块链技术具有天然为数据而生的特性。区块链作为去中心化的分布式账本数据库，数据存储的每个节点都会同步复制整个账本，其具有的去中心化、弱中心化或多中心化的颠覆性设计思想让数据共享更容易、协同更方便，从而实现了信息透明难以篡改，结合其链上数据去中心化的分布式共享、不可篡改、透明、可追溯、合约自动执行等强大能力，足以引领区块链技术打破互联网时代数据共享难、数据各自为政以及数据协作难等特征。天生具有

为数据服务特性的底层区块链技术，让数据像流动的水一样按需流动，提升了数据共享效率，优化了业务流程，降低了运营成本，提升了协同效率，建设了可信数据体系。

区块链大多数商业应用采用的是经过某种形式的认证许可才能加入的方式，这带来了区块链私有链和联盟链的大发展，解决了以前数据共享难、数据协同应用难的老大难问题，避免了数据各自为政，避免了数据孤岛的形成，真正实现了数据在企业内部或联盟企业内数据互联互通。

不同的场景选择不同的区块链类型，至少从技术上满足了数据共享服务需求，同时又满足了数据安全的需求，避免了数据泄露，真正实现了以数据为中心，发挥了数据价值的自我流通。

区块链解决了数据共享，其具有的去中心化特性解决了第三方环节中介信用背书的问题。可以看出，任何流程中每减少一个环节，其效率就会大大提升，从而既优化了业务成本，又降低了企业运营成本，同时还提升了协同效率。区块链加密算法的应用保障了数据安全，链式共识算法解决了陌生节点互相信任的可信问题，未来任何需要第三方信用背书的地方都可以借助区块链技术替代现有的信用模式，去掉中介环境，提升效率，建设区块链技术引领的可信价值互联网。

纵观全球经济发展，科技促进了人类生产力的提高，解决了生产关系的问题。任何一个行业每减少一个环节都会使行业效率大大提升。区块链技术天生的数据共享特性、安全特性、不可篡改特性、透明可追溯特性、共识算法建立的可信特性真正解决了社会经济发展中面临的痛点，为数字化转型保驾护航，助力数字经济建设与经济高质量发展，促进社会与经济向智能化与智慧化迈进。

三、加快区块链技术创新赋能实体经济

当前，全球进入数字化转型时期，科技赋能实体经济成为未来实体经济由高速发展向高质量发展的转型趋势。加快区块链技术创新赋能实体经济，将推动区块链和实体经济深度融合，解决中小企业贷款融资难、银行风控难、部门监管难等问题。"区块链+"的社会共识，促进传统企业加速转型升级，同时将更好地引导产业资本和人才集聚，帮助中小企业解决贷款融资难、银行对中小企业风险识别难、中小企业监管难等问题。区块链将加速实体经济转变模式创新发展，提升效率促进行业监管水平。全球区块链产业发展迈入了新的历史征程，区块链赋能实体经济将迎来产业升级与变革，实体产业需要积极拥抱科技引领的未来产业变革，否则将被时代淘汰，正如第一代互联网淘汰的传统产业一样，不能适应生产力发展的实体经济都将被新的实体经济模式替代。要聚焦全球化科技趋势，把握区块链引领的第二代可信价值互联网带来的巨变，积极布局并加快区块链技术创新赋能实体经济。

实体经济的发展与金融密切相关，需要金融的大力支持。贷款融资难、贷款成本高一直是中小企业的痛点，银行对中小企业缺少可信的数据支撑，缺少有效的风控手段，这一系列的问题导致了中小企业贷款融资难、银行风控难。区块链技术的出现可以建设中小企业可信白名单客户，让中小企业产业链上下游所有信息上链，合作企业上链，从物流、资金流、人流等对中小企业全流程掌控，依据区块链具有的去中心化特性实现中小企业数据共享，运用其具有的数据不可篡改性保证中小企业的数据真实性，这样银行可以借助科技手段对中小企业进行贷前风险审查，给予中小企业建立风险评价以及信用评级，根据授信模型批复相应的中小企业贷款额度，贷中依据中小企业经营情况，实时监控企业经营能力，提升银行对中小企业的风险识别能力，提前预警，从而避免中小企业引发的巨大风险。贷后可以依据中小企业还款

数据以及全行业经营数据，提前介入对中小企业实行一企一策的贷后管理与催收策略，降低预期率。同时响应国家号召，为便于支持中小企业发展，真正降低利率，可以依靠对中小企业收集到的数据进行风险的量化评级，根据风险评级对中小企业贷款利率进行动态调整，从而解决中小企业无法进行风险评价的问题。"区块链＋企业"，帮助中小企业真正解决了贷款融资问题，又降低融资成本，银行也能够更好地实现对中小企业的动态实时监控，避免大的风险发生，提升了智能风控能力。

比如，区块链技术在银行业的应用，特别是数字函证可以赋能银行业高质量发展，助力提升会计信息质量。银行函证及回函，是注册会计师实施审计过程中，在获取被审计单位授权后，直接向银行业金融机构发出询证函，查询被审计单位银行存款、银行借款、担保、理财等信息的真实性，银行查询、核对相关信息并提供回函的过程。函证是独立审计的核心程序之一，对识别财务报表错误和舞弊行为至关重要。对整个金融市场而言，函证工作关乎审计工作质效、关乎会计信息质量、关乎资本市场数据真实性，对防范金融风险至关重要。当前，我们大力推进的银行函证区块链服务平台（Blockchain Platform for Bank Confirmations，BPBC），在充分吸收商业银行和会计师事务所等相关参与方的业务需求和技术需求的基础上，秉承权威性、公正性和公益性的理念，遵循市场化、开放性和渐进性原则，逐步推进银行函证向集约化、电子化、规范化、精细化等"四化"方向转型发展。

银行函证区块链服务平台主要具备以下三方面的核心优势：一是在平台目标定位方面。平台改变了线下分散函证回函模式，改为线上集中办理，可实现线上完成银行函证的申请、授权、发送、回函等全流程，加快函证处理效率，有效解决传统纸质函证模式的多种弊端，减少会计师事务所、银行、被审计单位等关联方的人工介入程度，增强风险管控，降低数据错漏和舞弊风险。二是在平台安全保障方面。平台只保留函证传输过程信息，不保留函证数据信息，注重信息的隔离与保密，确保银行及事务所数据安全。平台拥有金融级安全防护环境,可实现 7×24 小时全天候系统安全运行。三是在平台技术支撑方面。平台选择"工银玺链"作为底层区块链技术,"工银玺链"不仅技术优势显著,而且拥有完全自主知识产权,已通过工信部可信区块链权威认证,并已有多个成熟应用项目。

从全球范围来看,"区块链+产业"真正实现了脱虚向实的发展目标,创新赋能实体经济,国际上大型金融机构、互联网公司和实体企业纷纷加大了对区块链技术和应用的投入,区块链的巨大应用价值开始显现。通过区块链建设可信体系,帮助中小企业降本增效,促进实体经济转型与高质量发展,降低了金融贷款成本。例如,摩根大通基于区块链系统发行与美元等值的 JPMCoin,提供给体系内的金融机构使用。依托区块链技术诞生的数字货币的应用大大加速了实体经济的发展,提升了效率,同时对部门监管而言更容易,依靠数据流可以全方面监管。

未来是一个无现金的社会,一切将数字化、智能化。当前,中国移动支付的体系在普及性和先进性方面全球遥遥领先,极大地降低了整个社会的交易成本和管理成本。在区块链这个新兴领域,中国需要把握这次第二代可信价值互联网的机遇,加大研发与资金投入、产学研联动等,形成掌握核心技术的强大技术壁垒。实现核心技术突破,占据创新制高点、取得产业新优势,才能真正让区块链创新赋能实体经济。各级领导干部要真正重视区块链的发展,从思想上、认识上提升站位,要跳出现有的知识边境和认知边境,改变现有的业务模式形成的固定思维模式,走出去,引进来,积极推进区块链技术和经济社会融合发展,让区块链产业的发展与其他产业深度结合,推动其他产业实现转型升级、提质增效,帮助实体产业创造出新的价值增长点。当前"区块链+实体"的案例真正给中小企业带来了减负与增效,如"区块链+开票"帮助中小企业开票,既解决了发票真伪辨别难的问题,又提升了效率,极大地降低了开票企业的开票成本和快递成本,以及报销企业的管理成本和涉税风险。

区块链未来颠覆的将不仅仅是传统的中小企业经营方式，也将带来新的商业模式、组织形态，颠覆我们现有对中小企业的发展模式的认知以及思维方式。因此，要积极探索区块链在金融、政务、民生等领域的应用，全面推行"区块链+"赋能实体经济，从而实现区块链和实体经济深度融合，解决中小企业贷款融资难、银行风控难、部门监管难等问题。

四、利用区块链技术探索数字经济模式创新

回顾科技的发展历程，1990年之前是IT系统不能互联的阶段；1990年至2016年是互联网应用的阶段；2016年至2019年是"人工智能+产业应用"的阶段；2019年之后进入依靠区块链、大数据、云计算、人工智能、5G通信、量子通信等科学技术融合生态的智慧数字化时代。科技赋能产业发展，虚拟化、数字化、智能化、智慧化成为未来时代的标签，线上、线下融合发展。可以说，由科技赋能的物理世界到虚拟世界所创造的虚拟时空，引领未来数据经济模式创新。

当今世界与历史上任何一个时代相比，都超过了这些历史发展的总和，可以说科技引领的发展是指数级增长的趋势。未来全场景的智慧生活解决方案，将一站式解决智能家居、智慧办公、智慧出行、运动健康、影音娱乐等大生活场景。全新的场景应用服务形态，服务不再受终端的限制，可以跨端无缝流转，在"多任务中心"可以同时看到智能手机和平板电脑上的任务，多设备之间可以组成超级终端，从而选择最适合的设备。比如，我们手机上播放音乐，组成超级终端后，可以把音乐用音箱放出来，真正实现万物互联。虚拟世界与真实世界交互的场景中，一切都是数据在流动。数据的流动引领未来数字经济发展新模式。如今，数字经济已经演变为"以客户为中心"的时代，客户开始沉浸在各种便捷的数字化应用的场景中。随着产业经济的发展，产业经济的数字化倒逼行业转型也必须走上数字化转型的道路，真正践

行"以客户为中心"。

《中共中央关于制定国民经济和社会发展第十四个五年规划和二〇三五年远景目标的建议》强调,要加快数字化发展。发展数字经济,推进数字产业化和产业数字化,推动数字经济和实体经济深度融合,打造具有国际竞争力的数字产业集群。加强数字社会、数字金融、数字政府建设,提升公共服务、社会治理等数字化智能化水平。各行业要紧跟时代的列车,全面变革,依托数字化转型的战略机遇期,更好地服务普惠大众与实体经济,脱虚向实。

特别是新冠肺炎疫情的发生,加速了数字化转型这一进程。人们运用数字化的习惯也在慢慢养成,数字健康码的应用不仅帮助防控疫情,也促进了经济的复苏,便捷了人们生活。要充分运用区块链技术的优势,让数据这个生产要素流动起来,运用起来,挖掘数据价值,借助大数据与人工智能,建设数字经济创新发展新高地。

区块链具有数据不可篡改的特性,保证了数据可信(前提是上链的数据源头不能造假,上链后的数据就无法篡改),从而建设了可信数字经济体系,为经济高质量发展打下了坚实基础。

区块链真正创新了数字共享经济模式的发展,实现了人与人、人与物、物与物、产业与产业等交互便捷性、安全性、流动性、共享性、协同性,真正让数字化发挥巨大优势,实现数字化转型。依托大数据、云计算、人工智能、移动互联网、物联网、区块链、5G、量子通信等技术,不断完善系统架构、优化业务流程、提升运营管理能力、加强风险控制、丰富融入生活和场景生态,为经济高质量发展提供便捷、高效、普惠、安全、定制化、人性化的产品和行业服务理念,真正引领新的数字经济发展,创新经济发展模式。

当前,从消费互联网到产业互联网,各行各业都在发生深刻的变革,从工作流程、客户习惯、生意逻辑到行业生态都在剧变。人们已经进入一个数据海洋的时代,万物留痕,一切皆数,数据被记录、保存、量化、分析、分类、

第五讲
把区块链作为推进跨越式高质量发展的重要突破口和动力源

聚类、预测……其中又以记录和量化为核心。数据将像空气和水一样作为必需的生产要素源源不断地产生，成为万物智能的土壤。大数据驱动的智能时代来临，万物皆智能。区块链作为第二代可信价值互联网的基础设施，促进了经济向数字化转型，实现了智能化到智慧化，真正融入生活和场景。人工智能和大数据都需要数据，区块链技术保障了数据可信，保障了数据安全，保障了数据共享，从而发挥了大数据和人工智能的作用，使数据智慧化的应用无处不在，个性化的产品和服务也将无处不在。

旧的行业将被颠覆，新的行业与经济模式将诞生，这就是历史的趋势。

未来一切业务数据化，所有的业务过程都将转化、保存为数据。世界万事万物的状态、性质以及相互关系都将进行记录。从线下到线上，从移动终端到智能终端设备帮助实现源源不断地采集来自它们产生的数据，借助区块链技术、大数据以及人工智能实现科学技术聚会平台、技术优势协同互补，支持实体经济创新发展。

2020年可以说是区块链技术从早期实验阶段，进入第十二个年头的成熟应用阶段，是区块链助力数字化转型发展的元年，也是人类历史上应该铭记的一年，这一年全球经济受新冠肺炎疫情影响遭受重创，经济基本停滞，需要数字经济助力转型升级，加速了全球线上与线下科技的应用。区块链技术助力数字经济的发展与应用，实现了线上与线下的深度融合，防疫依靠大数据生成健康码的数字化生活应用，更好地为普通大众体验数字化应用带来的便利做了宣传，培养了用户习惯，在常态化防疫的情况下便利出行，帮助企业复工复产，让经济复苏，实现了经济的高质量发展，提升了科技与产业深度融合的应用，也让人们养成了数字化服务应用的习惯。

未来的经济是数字化经济，区块链与其他科技深度融合构建的系统平台将在促进数据共享、优化业务流程、降低运营成本、提升协同效率、建设可信体系等方面带来新的经济发展模式，实现经济转型升级，真正实现高质量发展，从而进入无科技不智能、无智能不智慧，科技服务无处不在的数字经济社会。

区块链真正开启了数字经济社会新时代，人类的一切行为习惯都将被改变，产业生态将被重塑。充分利用区块链技术，将为打造便捷高效、公平竞争、稳定透明的营商环境提供动力，为推进供给侧结构性改革、实现各行业供需有效对接提供服务，为加快新旧动能接续转换、推动经济高质量发展提供支撑。

第六讲

基于区块链技术的数字货币及基本原理

第六讲
基于区块链技术的数字货币及基本原理

区块链的诞生带来了两个生态的发展，一个是以数字货币为发展主线的"币圈"，一个是以区块链技术为发展主线的"链圈"。比特币是区块链上诞生的第一个应用，但比特币不等于区块链。区块链技术因比特币而被发明出来并得到普及，数字货币也因区块链技术而不断发展，两者是相互促进的关系。

一、比特币和以太坊的系统架构与场景应用

比特币是区块链上诞生的第一个应用，但比特币不等于区块链；区块链是历史已经成熟的多种技术重混而成的技术组合。它不是一种技术实现，而是一个系统的架构设计，使用一系列的技术组合用于完成去中心化的数据存储。比特币在区块链之上融入了数学、密码学、金融学、货币学、博弈学，甚至一定程度的哲学思想，从而实现了一种点对点的电子货币系统，实现了电子货币的发行、运行和交易。目前，市面上存在的很多加密数字货币源自比特币或者以太坊源码的克隆，但也有一些针对特定问题构建了独特解决方案的加密数字货币，从应用场景和技术的角度而言具有一定的创新性，如莱特币、瑞波币、法定的数字货币等。比特币也是区块链普及推广以及其他应用起源的灵感来源。

《比特币白皮书》的设计解决了两个问题：

（1）货币发行的问题，早期依靠矿工挖矿干活给予生成比特币的奖励，这是铸币的过程，从而实现了比特币的发行，比特币由此诞生。

（2）交易的问题，未来依靠交易手续费实现奖励，让对交易记账的记账员得到比特币奖励，也就是依据分工给予奖励。

一切都不是凭空产生的，比特币也需要耗费电力和算力挖矿才能诞生，也就是工作才能创造价值。现实社会中人们只有通过工作才能得到工资的奖励，依靠非法手段获得的奖励都将会受到现实社会的法律制裁。社会上大多数人是遵守现实的法律而形成的良性社会。国家信用背书产生的依据购买力发行的法币根据人们工作量的付出支付法币作为工作奖励。一个国家在开始发行的法币如果没有得到大多数人的认可，就不会流行。因此，法币的发行也是依据国家金融制度以及规则发行一定量的法币，而不是随意发行，否则就会通货膨胀，经济混乱，从而引起社会动荡。

比特币依靠区块链技术解决网络社会金融体系的电子货币的诞生与交易，通过挖矿做工依据工作量给予比特币奖励实现了铸币的过程，从而诞生了比特币。交易需要记账员帮助确认，对帮助确认的记账员通过交易手续费实现对记账员的奖励，整个区块链体系从而实现了良性循环，劳动创造财富的理念得以推广。

我们以《比特币白皮书》为例，区块链的世界里参与挖矿的矿工越多，竞争也越激烈，想获得挖矿奖励的难度也就越大，这就需要算力和效率，矿工之间通过"工作量证明"算法实现区块的最终账本一致性。根据区块链制定的程序原则为：

（1）选择最长的链的右边最顶端区块作为挖矿基础。

（2）解答谜题，最先找到答案的将获胜，从而确定当前待定区块。

（3）提交该待定区块到网络中，参与"最长链优先"的竞争。

（4）区块链网络中的其他矿工在挖矿的过程中一旦收到更高高度的区块，就代表别人已经挖出，在此基础上挖矿就是做无用功，需要开启新的区块高度挖矿。

根据中本聪的《比特币白皮书》所言，比特币系统主要实现了如下功能。

第六讲 基于区块链技术的数字货币及基本原理

（1）去中心化。当今世界所有贸易都需要借助金融机构作为可资信赖的第三方来处理电子支付信息。货币交易都是有一个第三方可信任的金融机构提供服务处理，而这个第三方就是中心化的数据中心，其他任何人不能访问由这个第三方机构中心化存储的数据，从理论上而言（现实中一般不会发生）这个金融机构发生了欺诈或倒闭，那么存储在这个中心化的第三方机构中的数据也称为资产，以及所做的交易就会存在风险。比特币借助区块链技术实现了去中心化，根本就不需要这个可资信赖的第三方机构，从而实现了区块链强大的颠覆性，凡是需要某个第三方可信任背书的机构，都可以去中心化安全存储，每一个加入的节点都可以访问。正如《比特币白皮书》所言，这样一种电子支付系统，它基于密码学原理而不基于信用，使得任何达成一致的双方，能够直接进行支付，从而不需要第三方中介的信任背书参与。杜绝回滚（Reverse）支付交易的可能，这就可以保护特定的卖家免于受欺诈；而对于想要保护买家的人来说，在此环境下设立通常的第三方担保机制也可谓轻松加愉快。这篇论文提出通过点对点分布式的时间戳服务器来生成依照时间前后排列并加以记录的电子交易证明，从而解决双重支付问题。只要诚实的节点所控制的计算能力的总和，大于有合作关系的攻击者的计算能力的总和，该系统就是安全的。

（2）电子货币的发行。比特币系统实现了电子货币的发行功能也就是造币功能，通过挖矿给予比特币奖励实现了能够让所有的人自发地运行下去，从而实现了货币的发行公平、公开和公正，任何人只要加入比特币这个系统，符合一定的条件就能获取发行的货币。作为基本货币的黄金，需要人工进行采矿获取，而比特币系统通过争夺某一个区块链记账权的过程就相当于人工采矿获取黄金的过程，这个过程称为"挖矿"，挖矿的过程其实就是解数学难题，最先求出解的矿工即可获得该块的记账权，从而获取一定数量的比特币奖励，以此激励比特币网络中的所有节点积极参与记账工作。比特币系统奖励包含系统奖励和交易手续费两部分，系统奖励是比特币发现的方式。最初每生产一个"交易记录区块"可以获得50比特币的系统奖励，为控制比特币发行数量，该奖励每4年就会减半，到2140年基本发行完毕，最终整个系统中最多有2100万个比特币。由于比特币一旦丢失私有密钥就无法找回，比特币系统发行的数字货币是通缩的。可以看出，比特币系统融入了金融学、货币学和博弈学，通过激励机制系统形成了一定的运行机制，"天下熙熙，皆为利来；天下攘攘，皆为利往"，人们因利益让这个系统能够自发地运行下去。

（3）电子货币交易。比特币采用非对称加密技术，保障了交易的安全性。对用户的账户操作，公钥就是用户的账户，系统可以把符合奖励条件的用户自动往公钥账户支付比特币，并记一条特定数量比特币的记录。当用户要消费比特币时，需要用私钥进行签名，系统会用公钥生成的账户验证签名是否正确，并且根据用户的账户从历史的交易中计算出当前账户中的真实金额，确保用户操作的资金在账户真实可用，正如《比特币白皮书》对交易的定义，一枚电子货币（An Electronic Coin）是这样的一串数字签名：每一位所有者通过对前一次交易和下一位拥有者的公钥（Public key）签署一个随机散列的数字签名，并将这个签名附加在这枚电子货币的末尾，电子货币就发送给了下一位所有者。而收款人通过对签名进行检验，就能够验证该链条的所有者。图6-1展示了比特币的交易过程。

该交易过程的问题在于，收款人将难以检验之前的某位所有者，是否对这枚电子货币进行了双重支付。通常的解决方案，就是引入信得过的第三方权威，或者类似于造币厂的机构，来对每一笔交易进行检验，以防止双重支付。在每一笔交易结束后，这枚电子货币就要被造币厂回收，而造币厂将发行一枚新的电子货币；而只有造币厂直接发行的电子货币，才算作有效，这样就能够防止双重支付。可是该解决方案的问题在于，整个货币系统的命运完全依赖于运作造币厂的公司，因为每一笔交易都要经过该造币厂的确认，而该造币厂就好比是一家银行。

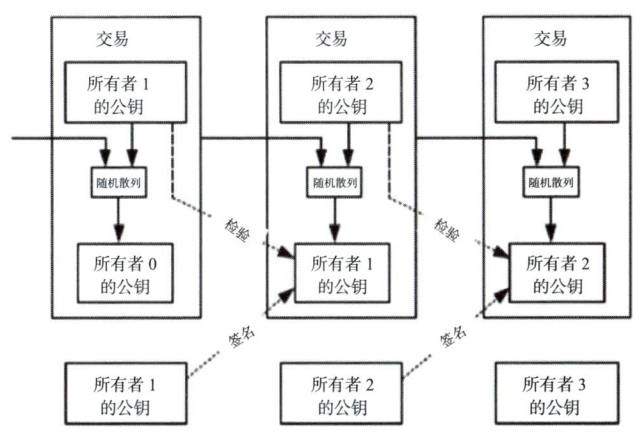

图 6-1 比特币的交易过程

我们需要收款人有某种方法，能够确保之前的所有者没有对更早发生的交易实施签名。从逻辑上看，为了达到目的，实际上我们需要关注的只是在本交易之前发生的交易，而不需要关注这笔交易发生之后是否会有双重支付的尝试。为了确保某一次交易是不存在的，那么唯一的方法就是获悉之前发生过的所有交易。在造币厂模型里面，造币厂获悉所有的交易，并且决定了交易完成的先后顺序。如果想要在电子系统中排除第三方中介机构，那么交易信息就应当被公开宣布，我们需要整个系统内的所有参与者，都有唯一公认的历史交易序列。收款人需要确保在交易期间绝大多数的节点都认同该交易是首次出现。

整个比特币系统分为七层，如图 6-2 所示，由下至上依次是数据存储层、数据层、网络层、共识层、激励层、RPC（远程过程服务调用）层、应用层。

（1）数据存储层：分布式数据存储数据库，主要用于存储比特币系统运行中的日志数据及区块链元数据，存储技术主要使用文件系统和 LevelDB。

（2）数据层：主要用于处理比特币交易中的各类数据，如将数据打包成区块，将生成的区块提交并生成链式结构，对区块中数据的加密与哈希计算，对区块中的内容的数字签名及增加时间戳记录，将交易数据构建成梅克尔树，并计算梅克尔树根节点的哈希值等。区块构成的过程中链可能分叉，在比特币系统中，节点始终都将最长的链条视为正确的链条，并持续在其后增加新的区块。

（3）网络层：构建比特币底层的点对点网络，支持多节点动态加入和离开，对网络连接进行有效管理，为比特币数据传输和共识达成提供基础网络支撑服务，加入的用户越多，网络越安全，也越稳定。

（4）共识层：所谓共识层是加入的用户达成一致的方法，形成统一意见，也就是大家都认可这个方式生成比特币以及给予记账用户奖励。比特币系统主要采用了工作量证明（Proof of Work，PoW）共识算法。在比特币系统中，每个节点都不断地解答数学难题，通过计算一个随机数（Nonce），直到找到符合要求的随机数为止。在一定的时间段内，首先找到符合条件的随机数的用户将得到打包区块的权利，并获得相应的奖励。

（5）激励层：比特系统货币的发行机制以及货币的分配方案。

（6）RPC（远程过程服务调用）层：实现了 RPC 服务，并提供 JSON API 供客户端访问区块链底层服务。RPC 对存在一个 Client（客户）端和一个 Server（服务）端而言，Client 端与 Server 端通过 RPC 这个黑盒通过 http 请求进行交互。

（7）应用层：支撑各种比特币的应用，如比特币开源代码中提供了比特币客户端。该层主要是作为 RPC 客户端，通过 JSON API 与比特币系统底层交互。比特币钱包及比特币衍生应用都架设在应用层上。

第六讲 基于区块链技术的数字货币及基本原理

应用层	比特币钱包	比特币客户端	比特币衍生应用
RPC(远程过程服务调用)层	RPC Server (RPC服务端)	RPC Client (RPC客户端)	JSON RPC
激励层	发行机制	分配机制	
共识层	PoW (Proof of Work)		
网络层	点对点网络（P2P网络）		
数据层	数据区块	哈希函数	Merkle树	时间戳	非对称加密数据签名
数据存储层	分布式数据库		

图 6-2　比特币系统架构

数字化货币的使用，开启了新金融货币赛道，美元可能持续走弱，进入奇点。当奇点到来时，美元霸权可能结束，数字化货币可以让人民币国际化加速。可见科技带来的变革是巨大的，降维打击的力度超过了人们目前的认知，可以改变一个行业生态甚至全球格局，这个变革将超越有人类历史以来的发展进程。区块链金融领域的应用已经让我们看到未来的曙光，意大利人发明的复式记账法几百年来一直没有重大的改进，区块链技术带来了人类社会记账方法的第一次革命性改进。

比特币作为早期区块链应用诞生的第一个应用产品，实现了比特币的发行与转账，同时也实现了存证和记账功能，如图 6-3 所示，比特币系统实现了一种完全通过点对点技术实现的电子现金系统，它使得在线支付能够直接由一方发起并支付给另一方，中间不需要通过任何的金融机构。这个应用减少了中间环节，去掉了第三方信用背书，提升了生产力和生产效率。可以说，这对社会而言带来了巨大应用价值。

发行比特币
由矿工通过挖矿做工作量证明实现了造币的功能，从而在创世区块诞生后发行比特币。

转账
比特币区块链网络上实现币交易，转账支付功能。

比特币系统

存证
发行币的币额以及转账交易的存证。

记账
全球加入的用户都可以对共享的公共账本记账，共同维护。

图 6-3　比特币系统功能

比特币目前在国外已经有一些应用场景，比特币被用于从事非法交易的使用量在增多，需要加强监管。由于比特币价格波动比较大，不具有稳定币的特性，从而也就不具有法定数字货币的特性，应用场景受限比较大。法定数字货币是由某个国家发行和认可的数字货币，这个数字货币的信用是国家信用，类似于我们现实生活中的纸币，也是每个国家发行的货币。在中国，由中国人民银行负责发行的数字货币为法定数字货币，央行发行法定数字货币 DCEP，作为 M0 的替代。

比特币系统给其他应用带来了灵感，但比特币系统也有其弊端，不支持高频交易。由于其共识算法的应用，需要全网确认，因而交易确认需要很长时间。

如果说比特币系统是为了抗拒不受中央机构制约的货币系统，以太坊则在根本上创造了一个中央机构无法干预的执行系统，代码即法律，合约即智能，这种系统的执行绝对公开、透明和公正，并且不受阻挠。以太坊上智能合约的应用拓展了区块链系统的应用场景，是一种旨在以信息化方式传播、验证或执行合同的计算机协议。智能合约允许在没有第三方信任背书的情况下进行可信交易，这些交易可追踪且不可逆转。智能合约所解决的就是"信任"或"契约"的问题，提升了区块链上的可信度。智能合约是把现实问题通过程序实现，一个可以把规则、合同、条款自动验证并执行的程序。

以太坊是在比特币系统的启发下，开发出来的一个去中心化的智能合约应用平台、下一代密码学账本，可以支持众多的高级功能，包括用户发行货币、智能协议、去中心化的交易和设立去中心化自治组织（DAO）或去中心化自治公司（DAC）。以太坊并不是把每一单个类型的功能作为特性来特别支持，相反，以太坊包括一个内置的图灵完备的脚本语言，允许通过被称为"合同"的机制来为自己想实现的特性写代码。一个合同就像一个自动的代理，每当接收到一笔交易，合同就会运行特定的一段代码，这段代码能修改合同内部的数据存储或者发送交易，真正实现了代码即法律，代码即信任。

二、币圈与链圈

区块链的诞生带来了两个生态的发展，一个是以数字货币为发展主线的"币圈"，一个是以区块链技术为发展主线的"链圈"。区块链技术因比特币而被发明出来并得到普及，数字货币也因区块链技术而不断发展，两者是相互促进的关系。

区块链技术的巨大广告效应，是比特币和以太坊两大公链的诞生。这得益于比特币的创始人中本聪以及以太坊的创始人 Vitalik Buterin，是他们带来了区块链技术的应用大发展。

以太坊的创始人 Vitalik Buterin，被称为一个天才神童，大家习惯称其为"V神"。其研究了比特币之后，开始帮一家媒体在论坛上写区块链相关的稿件，又联合别人一起创办了比特币杂志。2013 年，19 岁的 V 神去美国参加了一个比特币相关的会议。参加完会议后，他发现整个区块链都是在比特币上做些修修补补，没有从根本上解决比特币的缺陷，即功能太单一。他决定另起炉灶，2014 年，20 岁的他开始众筹开发以太坊；2015 年，以太坊问世；2020 年，DeFi 的爆发让以太坊的生态更加完善。在低迷了几年后，重新回到了公众的视野，成为目前公链的"霸主"。

币圈：以区块链上诞生的数字货币为主，相关的区块链项目以发行 TOKEN 为主，包含各种数字货币，也可以包含各个发布数字货币的项目方、交易所、投资数字货币的资本方和散户等。比特币可以看作区块链 1.0，以太坊是区块链 2.0。比特币 1.0 阶段是一个分布式的账本数据库，主要的功能是记账和支付，以太坊 2.0 阶段则可以理解为一个分布式计算平台，不仅可以记账，还可以在上面运行程序，其上面的智能合约是关键。比特币刚诞生时功能单一，更多的是产生比特币和支付的功能，就像当年的大哥大，只有打电话功能；以太坊就像当年的小灵通手机的诞生，除了能打电话外还可以运行一些其他应用，比如小游戏，随着发展以太坊上的生态也越来越丰富，可以构建许多不同类型的应用程序，大多数应用程序分为以下几类：DeFi、游戏、收藏品、开发工具、预言机、ERC 标准等。

以以太坊上构建的去中心化金融 DeFi（又称"开放式金融"）为例，DeFi 是基于开放的去中心化平台开发的一系列金融类应用，整个业务流程是链上的交互动作。构建开放式金融基础设施的许多分散协议，当前著名的 DeFi 项目几乎都在以太坊公链的区块链上进行。依据智能合约编程，产生了这些协议很有价值，因为它们正在创建必要的通道，从而使世界上任何拥有互联网连接的人都能够自主访问不受审查的金融服务。我们知道在传统金融的现有系统中，所有金融服务均由中央机构控制。无论是基本的汇款、资产购买还是放贷，你都必须经过中介机构，中介机构会为中介金融交易收取租金。但基于以太坊的金融服务将个人对等连接起来，使他们能够更轻松、更经济地获得基本融资。DeFi 应用让公链得到了生态价值拓展，发挥了金融衍生功能。

以太坊利用了与比特币相同的基于区块链技术实现的"数字信任"的原则，并将其应用于智能合约，即在满足某些预定义条件后自动执行业务逻辑的代码片段。智能合同看起来很像金融合同，因为它们托管资金，并根据特定合约事件转移资金。其具有的优越性为一旦将编码后的业务逻辑部署到以太坊的主网络上，就不能由中心方操作已编码的业务逻辑。

以太坊也和比特币一样都是区块链的分布式计算平台的产物，去中心化，由分布在世界各地的节点共同记账，共同维护一个账本，账本公开透明且不可篡改。但与比特币不同的是，以太坊提供了一套图灵完备的脚本语言，更智能化，人们能在以太坊上开发小程序。这些小程序需要以太坊网络的节点托管、运行，我们在以太坊上转账也需要节点来记账，为此，我们需要支付这些节点费用。比特币网络中，我们转账支付的手续费是比特币，系统给矿工的奖励也是比特币；在以太坊网络中，支付的手续费和系统给节点的奖励是以太币（ETH）。智能合约是以太坊的撒手锏，是区块链 2.0 阶段真正的突破。智能合约可以自动执行合同，如在交易中 A 和 B 各押了 100 元，赌明天天气是晴天、阴天，还是下雨。如果明天是晴天，A 得 100 元；反之，B 赢得 A 的 100 元；如果下雨，双方都没有猜对，那么谁都不给谁钱。如果没有监管机构，第二天结果出来，其中输的一方反悔，另一方也无可奈何，毕竟没有证据。有了智能合约，让以太坊上按照这个智能合约规则设定执行，A 和 B 两个人就可以在以太坊上写上游戏规则，然后把"钱"（币）打到智能合约的账户上。根据第二天结果，智能合约自动抓取天气的数据给出胜负决策，如果是 A 预测准确，所有的"钱"（币）自动打到 A 的账户；如果 B 预测正确则自动打到 B 的账户；如果都预测不正确，属于平局则原路返回。可以看到智能合约的价值，区块链 1.0 上的比特币只是实现了交易记录的不可篡改，有了智能合约的以太坊，才真正做到了去"信任中介"，不需要第三方来做担保。

链圈：主要专注区块链技术研究、应用。区块链技术目前还存在不少技术瓶颈，这些链圈技术人才和企业的目标是让区块链服务实体，解决现实技术问题。他们不断研究、探索最新的区块链技术，努力实现"区块链+实体"，更好地服务产业生态。区块链技术作为一项革命性的技术，是价值互联网时代的底座，未来世界将可能因区块链带来巨大的生态变革，因此掌握最新的区块链技术成为链圈的主业。

通过上面的分析可以看出，相比于币圈，链圈里的人则相对务实，通过技术让世界更美好，让区块链技术更安全、更稳定、更智能是大多数链圈的人和企业以及团队的使命。区块链的价值和未来最终技术是核心，技术是服务产品生态带来商业价值的，最终区块链技术的发展和产业融合都需要由链圈技术来研究探索，可以说真正的价值互联网科技的未来发展属于链圈。

区块链技术和数字货币都处于不断探索和发展之中，目前的阶段两者是相互依存与相互促进的关系，"币圈"和"链圈"不断磨合利用。未来无论是数字货币还是注重技术的链圈，都会为区块链技术和产业生态的发展贡献自己的力量，为人类带来更美好的世界。

◎未来区块链发展的趋势

短期是底层技术的深耕，中期是场景应用，长期是改造社会也就是改造行业生态，深度融合数字经济，支撑产业应用。

◎区块链的应用落地过程

早期是比特币和数字货币工具，短期主要是公链的发展与应用，如比特币和以太坊，未来发展是去中介化场景应用。

◎区块链改造社会

早期主要是Token通证经济和激励，中期是数字货币与经济，未来是实体应用与社会治理相结合的应用。

◎区块链本质

区块链是链接技术、Token通证经济和社区的核心，一边是技术，一边是通证，一边是社区，三者相辅相成，这样才能带来技术与生态应用的协调发展。

◎区块链的技术模型

早期主要是共识机制，未来主要是DAPP（去中心化APP）生态发展应用，DAPP的全称是Decentralized Application，称为去中心化应用。

◎社区治理

借助区块链技术实现规范的社区治理,未来是智能合约实现的代码即法律,代码即信任,从而摒弃不按规则办事的社会形态,解决信任问题。

◎通证社区经济体

用通证赋能实体经济,依靠通证实现风险投资,实现社区人与人的自由联合。

三、中心化生态与去中心化生态对比

中心化与去中心化是两个不同的体系,中心化系统中心决定节点。节点必须依赖中心,节点离开了中心就无法生存。如图6-4所示,中心化系统中不同节点之间存在信息不对称的问题,中心节点被设计为具有绝对的话语权,从而使得中心节点成为一个不透明的黑盒。处于中心化系统中的节点通常可以接收中心点更多信息,其可信性也只能由中心化系统之外的机制来保证。

去中心化,不是不要中心,而是由节点来自由选择中心、自由决定中心。在去中心化系统中,任何人都是一个节点,任何人也都可以成为一个中心。任何中心都不是永久的,而是阶段性的,任何中心对节点都不具有强制性。如图6-5所示,去中心化系统中,网络中的所有节点均是对等节点,各加入去中心化系统的节点具有平等的话语权,平等地发送和接收网络中的消息。去中心化系统中每个节点全透明,都可以完整观察系统中节点的全部行为,并将观察到的这些节点行为在各节点进行记录,维护的是相对而言的同一个账本。在去中心化系统中,账本对于每一个节点而言,既是正本,也是副本,一切都是相对的,没有所谓的哪个节点维护的是正本。

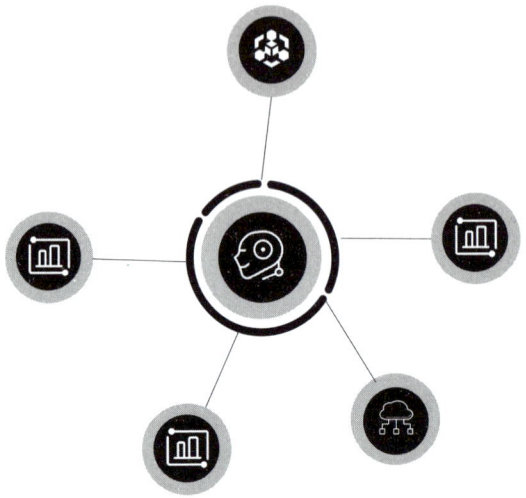

图 6-4 中心化系统

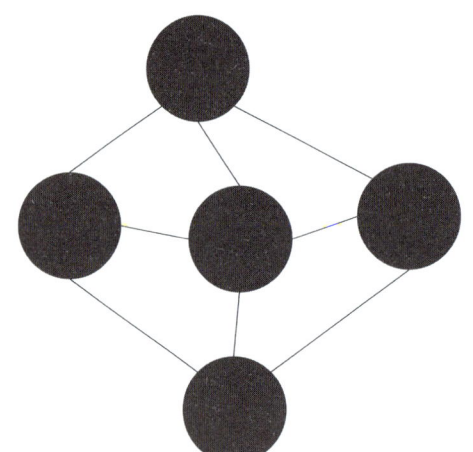

图 6-5 去中心化系统

第七讲

区块链技术为治理现代化赋能

第七讲 区块链技术为治理现代化赋能

    区块链技术具备分布式数据存储、全网透明性、可追溯、数据安全加密、防篡改等特征，对于国家治理而言，可以促进国家治理体系扁平化，提升国家治理效率，使治理及服务过程透明化，避免人为干预与造假，实现国家治理领域数据的可信性和安全性。要推动区块链底层技术服务和新型智慧城市建设相结合，探索在信息基础设施、智慧交通、能源电力等领域的推广应用，提升城市管理的智能化、精准化水平。

一、推进国家治理体系和治理能力现代化

    坚持和完善中国特色社会主义制度、推进国家治理体系和治理能力现代化，是关系党和国家事业兴旺发达、国家长治久安、人民幸福安康的重大问题。党的十九届四中全会对这个重大问题进行专题研究部署。推进国家治理体系和治理能力现代化，是从政治上、全局上、战略上全面考量，立足当前、着眼长远作出的重大决策。

（一）坚持和完善中国特色社会主义制度、推进国家治理体系和治理能力现代化的重大意义和显著优势

    中国特色社会主义制度是党和人民在长期实践探索中形成的科学制度体系，我国国家治理一切工作和活动都依照中国特色社会主义制度展开，我国国家治理体系和治理能力是中国特色社会主义制度及其执行能力的集中体

现。中国共产党自成立以来，团结带领人民，坚持把马克思主义基本原理同中国具体实际相结合，赢得了中国革命胜利，并深刻总结国内外正反两方面经验，不断探索实践，不断改革创新，建立和完善社会主义制度，形成和发展党的领导和经济、政治、文化、社会、生态文明、军事、外事等各方面制度，加强和完善国家治理，取得历史性成就。党的十八大以来，我们党领导人民统筹推进"五位一体"总体布局、协调推进"四个全面"战略布局，推动中国特色社会主义制度更加完善、国家治理体系和治理能力现代化水平明显提高，为政治稳定、经济发展、文化繁荣、民族团结、人民幸福、社会安宁、国家统一提供了有力保障。

新中国成立 70 多年来，我们党领导人民创造了世所罕见的经济快速发展奇迹和社会长期稳定奇迹，中华民族迎来了从站起来、富起来到强起来的伟大飞跃。实践证明，中国特色社会主义制度和国家治理体系是以马克思主义为指导、植根中国大地、具有深厚中华文化根基、深得人民拥护的制度和治理体系，是具有强大生命力和巨大优越性的制度和治理体系，是能够持续推动拥有 14 亿多人口大国进步和发展、确保拥有 5000 多年文明史的中华民族实现"两个一百年"奋斗目标进而实现伟大复兴的制度和治理体系。

当今，世界正经历百年未有之大变局，我国正处于实现中华民族伟大复兴关键时期。顺应时代潮流，适应我国社会主要矛盾变化，统揽伟大斗争、伟大工程、伟大事业、伟大梦想，不断满足人民对美好生活新期待，战胜前进道路上的各种风险挑战，必须在坚持和完善中国特色社会主义制度、推进国家治理体系和治理能力现代化上下更大功夫。必须坚持以马克思列宁主义、毛泽东思想、邓小平理论、"三个代表"重要思想、科学发展观、习近平新时代中国特色社会主义思想为指导，增强"四个意识"，坚定"四个自信"，做到"两个维护"，坚持党的领导、人民当家作主、依法治国有机统一，坚持解放思想、实事求是，坚持改革创新，突出坚持和完善支撑中国特色社会主义制度的根本制度、基本制度、重要制度，着力固根基、扬优势、补短板、强弱项，构建系统完备、科学规范、运行有效的制度体系，加强系统治理、依法治理、综合治理、源头治理，把我国制度优势更好转化为国家治理效能，为实现"两个一百年"奋斗目标、实现中华民族伟大复兴的中国梦提供有力保证。

（二）党的领导是坚持和完善中国特色社会主义制度、推进国家治理体系和治理能力现代化的根本保证

中国共产党领导是中国特色社会主义最本质的特征，是中国特色社会主义制度的最大优势，党是最高政治领导力量。必须坚持党政军民学、东西南北中，党是领导一切的，坚决维护党中央权威，健全总览全局、协调各方的党的领导制度体系，把党的领导落实到国家治理各领域各方面各环节。

（1）始终不忘初心、牢记使命。中国共产党始终坚持用共产主义远大理想和中国特色社会主义共同理想凝聚全党、团结人民，用习近平新时代中国特色社会主义思想武装全党、教育人民、指导工作。把不忘初心、牢记使命作为加强党的建设的永恒课题和全体党员、干部的终身课题，并形成了长效机制，坚持不懈锤炼党员、干部忠诚干净担当的政治品格。持续推进党的理论创新、实践创新、制度创新，使一切工作顺应时代潮流、符合发展规律、体现人民愿望，始终确保党走在时代前列、得到人民衷心拥护。

（2）始终执政为民，靠民执政。中国共产党始终立党为公、执政为民，始终保持同人民群众的血肉联系，把尊重民意、汇集民智、凝聚民力、改善民生贯穿党治国理政全部工作当中，始终保证人民在国家治理中的主体地位，着力防范脱离群众基础。贯彻党的群众路线，不断完善党员、干部联系群众制度，创新互联网时代群众工作机制，始终做到为了群众、相信群众、依靠群众、引领群众、深入群众、深入基层。建立健全了联系广泛、服务群众的群团工作体系，推动人民团体增强政治性、先进性、群众性，把各自联系的群众紧紧团结在党的周围。

（3）始终不断提升，促进本领。中国共产党坚持民主集中制，完善发展党内民主和实行正确集中的相关制度，不断提高党把方向、谋大局、定政策、促改革的能力。健全决策机制，加强重大决策的调查研究、科学论证、风险评估，强化决策执行、评估、监督。不断改进党的领导方式和执政方式，增强各级党组织政治功能和组织力。不断完善担当作为的激励机制，促进各级领导干部学习本领、政治领导本领、改革创新本领、科学发展本领、依法执政本领、群众工作本领、狠抓落实本领、驾驭风险本领，发扬斗争精神，增强斗争本领。

（4）始终从严治党，永葆纯洁。中国共产党始终坚持全面从严治党，强化忧患意识，不断推进党的自我革命，永葆党的先进性和纯洁性。把新时代党的建设总要求，落实到党的建设制度改革，依规治党，全面推进党的各方面体制机制建设。规范党内政治生活，严明政治纪律和政治规矩，发展积极健康的党内政治文化，全面净化党内政治生态。不断完善和落实全面从严治党责任制度。坚决同一切影响党的先进性、弱化党的纯洁性的问题作斗争，大力纠治形式主义、官僚主义，不断增强党的创造力、凝聚力、战斗力。

（三）着力提高制度执行力，把我国制度优势更好转化为国家治理效能

习近平总书记指出，制度的生命力在于执行。要强化制度执行力，加强制度执行的监督，切实把我国制度优势转化为治理效能。[①] 我国国家治理体系和治理能力是中国特色社会主义制度及其执行能力的集中体现。坚持和完善中国特色社会主义制度、推进国家治理体系和治理能力现代化，不仅要建立完善的制度体系，还要在不断提高制度执行力上狠下功夫。

（1）切实强化制度意识，深刻认识提高制度执行力的必要性和重要性。党的十八大以来，我们党在制度建设方面取得重大进展，在制度执行力方面

---

① 习近平：《坚持、完善和发展中国特色社会主义国家制度与法律制度》，《求是》2019年第23期。

也有显著提高。但要看到,目前在实践过程中,一些领域还或多或少存在着制度执行力不足的问题,这已经成为影响治理效能的"短板"。制度一经制定,就要严格执行。再好的制度,如果不抓落实,只是写在纸上、贴在墙上、锁在抽屉里,就会形同虚设,其效果也会大打折扣。各级党委和政府以及领导干部要切实增强按制度办事、依法办事意识,自觉维护制度的刚性约束力,坚决防止制度成为"稻草人""橡皮筋"。要善于运用制度治理国家,更好地把国家制度优势转化为国家治理效能,不断提高科学执政、民主执政、依法执政水平。

(2)带头维护制度权威,做制度执行的表率。习近平总书记指出,各级党委和政府以及领导干部要增强制度意识,善于在制度的轨道上推进各项事业。广大党员、干部要做制度执行的表率,引领全社会增强制度意识,自觉维护制度权威。[1] 提高制度执行力,离不开各级党委和政府以及领导干部的率先垂范。领导干部尤其是高级干部在党和国家事业发展中具有特殊重要地位,要以身作则、率先垂范,发挥先锋模范作用,给广大党员干部树立标杆、作出示范、当好表率。坚持制度面前人人平等、执行制度没有例外,不留"暗门"、不开"天窗",防止"破窗效应"。坚持高标准、严要求,要求党员干部做到的,领导干部必须首先做到;要求下级做到的,上级必须首先做到;要求别人做到的,自己必须首先做到。要增强斗争精神,坚持原则、敢抓敢管,坚决同一切违反制度的现象作斗争,带动全党全社会自觉尊崇制度、严格执行制度、坚决维护制度。如在此次新冠肺炎疫情防控的实践中,我们深刻地认识到,党中央的权威和集中统一领导是抗击疫情的最大优势,体现出党委领导、政府负责、民主协商、社会协同、公众参与、法制保障和科技支撑的体制优越性。此次疫情中,无论是各地城市的暂时"封城",还是城乡社区一体化的全民防控;无论是武汉火神山、雷神山医院的快速建立,还是几个

---

[1] 习近平:《坚持、完善和发展中国特色社会主义国家制度与法律制度》,《求是》2019年第23期。

方舱医院的跟进设立；无论是全国19个省市对口支援湖北的各个市州及县级市，还是全国各地的重大突发公共卫生事件一级应急响应，都彰显了一个负责任的大国形象，以及强大的全民动员能力和战时处置能力，对扼制疫情的进一步传播起到了至关重要作用。经过此次新冠肺炎疫情，我们可以得出一个共识，健全的现代化国家治理体系和强大的治理能力是打赢疫情防控阻击战的强大保障。

（3）加强对制度执行的监督，坚决杜绝做选择、搞变通、打折扣的现象。严格监督是保证制度不折不扣贯彻执行的关键。要健全权威高效的制度执行机制，明确各项制度执行的主体责任、监督责任、领导责任，形成制度执行强大推动力。加强对制度执行的监督，把监督检查、目标考核、责任追究有机结合起来，坚持有责必问、问责必严。坚决纠正有令不行、有禁不止现象，对把制度当摆设、破坏制度、违法违规违纪的，都要严肃查处，确保各项制度落地生根。

（四）坚持中国特色社会主义法治体系，努力提高我国依法执政能力

建设中国特色社会主义法治体系、建设社会主义法治国家是坚持和发展中国特色社会主义的内在要求。我们必须坚持法治国家、法治政府、法治社会一体建设，加快形成高效的法治实施体系、严密的法治监督体系、有力的法治保障体系，全面推进严格执法、公正司法、全民守法，推进法治中国建设。

（1）全面保证宪法实施。依法治国首先要坚持依宪治国，依法执政首先要坚持依宪执政。加强宪法实施和监督，落实宪法解释程序机制，推进合宪性审查工作，加强备案审查制度和能力建设，依法撤销和纠正违宪违法的规范性文件。坚持宪法法律至上，健全法律面前人人平等保障机制，维护国家法制统一、尊严、权威，一切违反宪法法律的行为都必须予以追究。

（2）维护社会公平正义。坚持法治建设为了人民、依靠人民。加强人权

法治保障，保证人民依法享有广泛的权利和自由、承担应尽的义务，引导全国人民做社会主义法治的忠实崇尚者、自觉遵守者、坚定捍卫者。坚持有法必依、执法必严、违法必究，严格规范公正文明执法，规范执法自由裁量权，加大关系群众切身利益的重点领域执法力度。全面落实司法责任制，完善律师制度，加强对司法活动的监督，确保司法公正高效权威，努力让人民群众在每一个司法案件中感受到公平正义。

（3）加强执法监督力度。保证行政权、监察权、审判权、检察权得到依法正确行使，保证公民、法人和其他组织合法权益得到切实保障，坚决排除对执法司法活动的干预。加大对严重违法行为处罚力度，实行惩罚性赔偿制度，严格刑事责任追究。加大全民普法工作力度，增强全民法治观念，完善公共法律服务体系，夯实依法治国群众基础。作为政法系统干部更要带头尊法学法守法用法，提高运用法治思维和法治方式深化改革、推动发展、化解矛盾、维护稳定、应对风险的能力。

"万物得其本者生，百事得其道者成"，治理体系和治理能力的现代化是一个逐渐提升和完善的过程，不能一蹴而就。要紧紧围绕"以人民为中心"的根本理念，敢于探索，积极破解工作难题，建立完善治理各项机制，推进我国社会治理体系与治理能力的现代化建设，为我国的经济社会发展作出应有的贡献。对此，党的十九届六中全会通过的《中共中央关于党的百年奋斗重大成就和历史经验的决议》专门指出，党的十八大以来，党不断推动全面深化改革向广度和深度进军，中国特色社会主义制度更加成熟更加定型，国家治理体系和治理能力现代化水平不断提高，党和国家事业焕发出新的生机活力。[1]

当前，推进国家治理体系和治理能力现代化要因势而谋、应势而动、顺势而为。要发挥大数据、人工智能、区块链等在国家治理体系和治理能力现

---

[1] 《中共中央关于党的百年奋斗重大成就和历史经验的决议》，《人民日报》2021年11月17日。

代化上的协同推进，实现社会治理升级、政务服务现代化、监管能力现代化，促进技术革新同一、二、三产业深度融合，在创新引领、绿色低碳、共享经济、政务服务等领域培育新增长点，形成适应产业发展的国家治理体系。

把时钟拨回到互联网刚诞生发展的几十年前，我们就能感知到互联网演进的能力与行业颠覆的能力。互联网技术的广泛应用已成为推动社会治理现代化的有效手段。

传统互联网在国家治理体系和治理能力现代化演进上暴露出的不足主要体现在三个方面。

（1）数据共享难。政府政务服务发展多年，但数据基本上出不了部门内部，数据互通共享和融合仍旧是老大难问题。缺少统一的数据标准和访问方式，数据兼容性较差，数据整合、分析、应用、共享缺少技术支撑。

（2）数据质量有待提高。没有有效的手段确保数据真实有效，比如数据真实性不够、一致性不高、时效性不强，数据管理技术不足。

（3）数据安全管控薄弱。大数据时代，海量的数据聚集，如何保证数据安全，防范泄露，尤其对信息在云端集中易受黑客攻击，敏感数据和个人隐私泄露风险极高。

区块链技术的诞生让第一代互联网暴露出的不足得到有效解决。区块链通过全网数据透明化、可追溯、非对称加密技术对数据安全加密、去中心化的分布式数据存储能够有效解决数据质量不足的问题，通过非对称加密技术与算法能够有效解决数据安全管控薄弱的问题，通过点对点技术与智能合约能够有效解决数据开放共享难问题，从而为满足国家社会治理要求、提升治理现代化提供了新的解决方案。

利用区块链技术助力国家治理现代化可以在以下几方面发力。

（1）让数据互联互通，数据多跑路，打破数据孤岛，融合政务数据。为提高治理水平，需要打破数据孤岛和数据壁垒，逐步建立安全可信的政务数据上链，推动政务数据对内部的开发共享和对社会服务的有序开放。

（2）建立安全的身份认证体系，保护用户隐私。建立以密钥为加密手段的区块链身份认知体系，让用户可以更好地掌控自己的隐私和个人数据的使用范围。

（3）区块链天生对金融领域具有很大优势，利用区块链技术加强金融监管，规避金融风险。大力拓展区块链在金融领域的应用，加强区块链的数据融合和监管能力，更及时地规避金融风险，从而制定更有效的金融监管策略和经济政策，利用科技手段及与时俱进的监管策略，才能更好地提升国家金融治理能力现代化。否则，科技风险带来的巨大风险，将超过历史上任何时候的风险。真正培养一批紧跟时代科技发展的监管人才，提升驾驭新科技的能力，才能真正推进国家治理体系和治理能力现代化。

（4）针对行业特点，建立依靠区块链的监控策略，精细化管理，掌握行业数据。逐步改变监管方式不足的问题，依靠数据说话，提升监管效率，降低监管成本，提升国家治理服务能力。有效开展对特定行业应用建立监管机制，实现运用区块链技术的国家监管体系建设。

（5）利用区块链天生的数据传递共享优势，助力国家贸易、对外商务合作、跨境相关的项目和全球数据共享，实现经济贸易的现代化。

利用区块链技术推动国家治理体系和治理能力现代化，需要坚持以下几方面。

（1）加强法治建设，依法依规管控治理，让区块链技术和业务发展有法可依、有章可循地有序开展。

（2）区块链技术与应用层的结合需要具有前瞻性设计，需要顶层合理设计，避免出现新的问题。加强区块链基础设施建设，为区块链上层应用的开发、部署和运营提供低成本、安全、可信的公共资源环境。区块链如果在底层架构上无序发展的话，没有标准、没有兼容性，未来我们可能也将面临第一代互联网时期带来的不足的问题。当前面临跨链交互、跨链融合等难题，从而出现链和链之间形成新一轮信息孤岛的问题。

（3）区块链技术要与其他科学技术深度融合发展，协同发展，实现技术重混才能创新区块链应用，从而才能提升国家治理数字化、智能化、智慧化、精细化、法治化、现代化。

党的十九届四中全会审议通过的《中共中央关于坚持和完善中国特色社会主义制度　推进国家治理体系和治理能力现代化若干重大问题的决定》指出，要在到新中国成立一百年时，全面实现国家治理体系和治理能力现代化。区块链技术本质上就是一套治理架构体系，对国家治理及服务过程透明化、提高政府社会治理数据可信性、建设可信政务、安全性等方面具有独特优势。

例如，深圳市率先推出了区块链电子发票，提升了政务服务效率；最高人民法院已经规定了区块链可被用作电子数据认证手段；北京市公安局已经开始利用区块链对临时车辆号牌进行管理。通过区块链的时间戳信息存入分布式数据库，可以进行知识产权确权及保护也已经成为一个重要场景。这些现实的案例都深刻体现了区块链赋能国家治理体系和国家治理能力的提升。因此，加快区块链的发展，与推进国家治理体系和治理能力现代化有着高度的内在一致性。

区块链技术掌握好、运用好，可以大幅提升社会运行效率、降低运行成本、优化管理机制、支撑创新发展，成为国家治理体系和治理能力现代化的一个重要抓手。但也要充分认识到，技术并不是万能的，对新技术的运用不当或失于管控，不仅不会给国家治理能力提升带来正向效应，同时还会带来新的风险，当前科技辐射面广，管控难度加大，要提高警惕。随着区块链技术的发展，目前传统中心化的监管模式难以适应区块链的内在技术需求，需要各级领导干部与时俱进，学会应用新科技，熟练掌握新科技。要真正提高认识，思想意识要向现代化理念转变，从而才能更好地推动区块链应用于治理体系与治理能力现代化。

法治是治国理政的基本方式，是国家治理体系和治理能力的重要依托。习近平总书记在中央全面依法治国工作会议上深刻指出，只有全面依法治国才能有效保障国家治理体系的系统性、规范性、协调性，才能最大限度凝聚社会共识，强调要坚持在法治轨道上推进国家治理体系和治理能力现代化。[①]区块链技术也不例外，有与时俱进的法律协同推进，才能让区块链技术更好地服务国家治理体系和治理能力现代化。

二、推动区块链底层技术服务和新型智慧城市建设相结合

第七次全国人口普查数据显示，居住在城镇的人口为 90199 万人，占 63.89%；居住在乡村的人口为 50979 万人，占 36.11%。与 2010 年相比，城镇人口增加 23642 万人，乡村人口减少 16436 万人，城镇人口比重上升 14.21 个百分点。随着人口向城市化聚集，建设新型智慧城市成为未来趋势。服务好、管理好城市才能助力城市健康发展，让人民真正获得幸福感。

当前，新型智慧城市历经几年发展，仍存在一些根本性的突出问题，如数据共享与协同应用不足、业务应用联动性弱、应用体验不佳以及体制机制不健全等。底层核心技术不能更好地实现数据的互通、各部门协同共享、可信、安全以及隐私的保护等问题尤为突出。海量的数据汇集到不同系统、部门、运营商的中心数据库中，导致数据量以及数据中心的数量不断增加，但是不同设备属于不同的供应商，彼此之间的互联互通弱，不能实现数据全方面利用，信息协调效率低。部门各自为政，形成一个个数据孤岛。

新型智慧城市需要数据联动，跨层级、跨地域、跨系统、跨部门、跨业务的协同服务才能真正提升城市服务的便民化，真正实现一站式服务。区块链的核心是基于密码学保障了数据安全，具有的去中介化、安全、透明、可追溯等特点，为新型智慧城市各部门以及城市居民提供合作的可信价值互联网基础，实现在一个可信的环境下进行数据的互联互通与共享服务。

---

① 习近平：《坚定不移走中国特色社会主义法治道路　为全面建设社会主义现代化国家提供有力法治保障》，《求是》2021 年第 5 期。

依托区块链技术实现共建共享、数据资源加速整合。各类数据形成上链存储、传输、数据加密，各参与方按照权限有序共享，利用区块链建立的城市数据共享交换平台，实现涵盖政府、企业、行业的城市数据立体式全方位服务体，为各类智慧应用系统提供一体化协同管理和服务能力。

当前，信息泄露、隐私保护已经成为新型智慧城市建设现阶段面临的另外一个重要问题。数据的大量汇集虽然能为城市居民提供便利的服务，但也出现了信息泄露的可能性，数据大量集中，一旦数据泄露就会造成巨大安全威胁。非法软件窃取、黑客的攻击以及不良运营商泄露，都会造成数据泄露风险。区块链具有数据加密安全特性，其应用不仅能推动新型智慧城市的建设，也能与当前建设过程中的现实需求很好地结合。通过区块链的应用，数据在使用时都是被加密保护的，用户将会知晓并进行授权，从而最大限度地保护隐私与数据安全。

区块链作为第二代可信价值互联网的底层技术，目前在信息基础设施、智慧交通、能源电力等领域已经得到应用，更好地助力提升城市管理的智能化和精准化水平。随着城市人口的增多，推动区块链底层技术服务和新型智慧城市建设相结合的应用，依靠区块链技术解决城市政务服务痛点，探索在信息基础设施、智慧交通、能源电力等领域的推广应用，先试验再全面推广，提升城市管理的智能化、精准化水平。

未来的城市一定是数字化、智能化与智慧化的城市。要利用区块链技术促进城市间在数据流、信息流、管理流、安全流等方面更大规模的互联互通，保障生产要素在区域内有序高效流动。要探索利用区块链数据在新型智慧城市建设上实现立体式全方位服务，从交通、教育、就医、住房、生活服务、电力、天气、就业、安全等方面全方位建设各项服务的数据互联互通，实现数据共享与交叉验证应用的协同服务模式，依托区块链底层可信价值互联网建设可信新型智慧城市网络。实现城市各领域数据融合应用，真正让各领域数据多跑路，民众少跑路，让数据流动，实现数据跨部门、跨区域共同利用与维护，促进业务协同办理。全国要全面推进深化"最多跑一次"改革，为人民群众带来更好的社会服务体验，提升城市治理与服务能力。

区块链与物联网、大数据、人工智能等技术融合应用，相辅相成，将帮助建设未来新型智慧城市。尤其物联网技术与区块链技术深度融合，可以实现可信物联网设备数据经过密码学加密、存储、传输全方位在区块链上透明化、可追溯、不可篡改，链上共享。

区块链与物联网融合，可以让智慧灯杆数据链上存储、传输，通过密码学对数据加密，保障了数据安全可控，利用路灯覆盖面广、有电力线路、有综合载体、平台扩展性好的特点，将路灯杆作为城市物联网体系中的重要信息采集来源，全部设备数据上链存储，并利用大数据与人工智能技术，实现新型智慧城市数据化、智能化到智慧化建设。依托多种科学技术重混组合应用，深度拓展面向智慧城市建设全方位应用，达到市容景观美化的效果，且能够满足不同场景的智慧应用需求。以照明为基础，智慧灯杆集成了各类非智能化设备与智能化设备（如指示路牌、红绿灯、微型气象站、球/枪型摄像头、微基站、电子公告屏、广播音箱、报警设备、充电桩等）。区块链与智慧灯杆云平台结合，依托智慧灯杆能够实现感知、传输、记忆、推理、判断和决策等智慧化功能（如根据摄像头收集的数据判断当前交通拥堵情况，城市安全情况等自动执行相关操作）。区块链与智慧灯杆云平台，实现对智慧灯杆上所有设备的状态查询、资产管理、远程控制、智能运维功能。根据不同的业务场景需求，制定不同的设备联动响应策略，打造新型智慧城市海量多源异构新型智慧物联网设备的统一展示、综合管理、智能化与智慧化联动，从而支撑智慧城市不同应用场景融合应用，发挥区块链对收集到的全方位城市数据的聚集应用，提供点对点服务、安全、高效、便捷的综合智慧城市服务管理智能平台。

随着人口向城市化聚集，对能源的需求增多。能源是城市生活的根基，从城市的传统能源服务转型推动城市数字化、智能化与智慧化能源服务成为未来城市建设新型智慧城市的关键基础点。水、电、燃气是城市生活不可缺少的基础燃料。推进区块链技术与能源领域的深度融合应用，建立能源生产运行的智能监测、管理和调度信息公共服务网络，加强能源产业链上下游企业的信息对接和生产消费智能化，从而支撑电厂、自来水厂、燃气公司全方位协调运行。区块链技术天生的数据优势可以更好地服务能源两段需求，利用区块链的可追溯和去中心化等特性，定点为社区提供相应的能源调配服务。

（1）利用区块链的去中心化实现能源交易直接点对点服务，能源供应可以直接实现生产者和消费者之间传达，可以根据计量、计费和结算全流程智能化服务。

（2）利用智能合约实现能源的分布式管理，如通过智能合约实现电网分布式管理，从而增加电网的灵活性，降低运营成本，提高可靠性。在区块链技术和智能合约的应用下，可以有效地控制能源网络的智能预警、调度与分配。

综上所述，区块链对新型智慧城市建设而言，是新型智慧城市建设底层的核心技术，是数字化智慧城市的新型基础设施。高度重视区块链技术在新型智慧城市建设上的应用，将推动城市建设更加美好的智慧之城、和谐之城、环保之城。从物理空间到数字空间，新型智慧城市在未来是各设备互联互通，各环节、各要素以及各种基础设施实现数字化、智能化与智慧化，通过区块链、物联网、人工智能、云计算、大数据、移动互联网、5G、量子通信等各种技术重混组合应用真正建构的新型智慧之城。

正如习近平总书记所说，要推动区块链底层技术服务和新型智慧城市建设相结合，探索在信息基础设施、智慧交通、能源电力等领域的推广应用，提升城市管理的智能化、精准化水平。[①] 这为未来新型智慧城市建设指明了发展方向。

---

① 《把区块链作为核心技术自主创新重要突破口　加快推动区块链技术和产业创新发展》，《人民日报》2019年10月26日。

三、利用区块链技术促进城市间的互联互通

生产力决定生产关系，生产关系要适应生产力的发展，生产关系是生产力发展的形式，生产关系会反作用于生产力。当前，信息、人才、资金、征信等是新时代的新生产要素。要让生产力大力发展，必须让这些生产要素在城市间互联互通，才能更好地协调生产力与生产关系，得到最佳配置。

党的十九大报告指出，供给侧结构性改革深入推进，经济结构不断优化，数字经济等新兴产业蓬勃发展。数字经济的兴起，需要打破物理空间的限制，从立体空间全方位应用，打破各经济要素之间时间与空间的限制。利用区块链技术促进城市间的数据流、信息流、人才、资金、征信等新生产要素的自由流通，从而实现对数字经济高速发展打通堵点，使生产要素尽可能地自由流动，适应新科技发展的大趋势，让生产关系更好地适应生产力的发展。

依托区块链技术建设促进城市互联互通的联盟链，可以让加入的城市之间实现按既定规则和权限加入，实现联盟链上各城市节点数据共享、信息共享、人才上链共享、资金服务上链共享、征信上链共享，真正实现点对点的联盟链上符合查询条件的可以直接查看。加入联盟链的城市之间实现各生产要素的互联互通，减少了协调沟通的时间成本，降低了费用成本，同时让城市之间按需要实现流动，发挥人才与征信服务的最大优势。利用区块链技术促进城市间在信息、资金、人才、征信等方面更大规模的互联互通，从而保障生产要素在区域内有序高效流动。

四、让数据多跑路，让群众少跑腿

数据可信是一切数据服务的基础。第一代互联网时期，数据不能自由流通、共享难，形成了数据孤岛，各部门各自为政。数据不能交叉验证，导致

政务数据不能更好地便民服务，过度开证明，各部门互相推诿的现象时有发生。如何让数据多跑路，让群众少跑腿成为当前与未来服务探索的重点。探索利用区块链数据共享模式，实现政务数据跨部门、跨区域共同维护和利用，促进业务协同办理，深化"最多跑一次"改革，为人民群众带来更好的政务服务体验。

区块链保存到链上的数据不会出现丢失，也不会因为某一节点服务停止而影响到其他各节点，最大限度地保证了共享信息的高可信性和高可靠性，解决了政务服务数据共享难、部门协调难、数据不安全、群众多跑路的问题。

"区块链+政务"让区块链的数据应用价值最大化。利用区块链技术把政务数据上链存储，群众可以依据权限授权政务数据查询与授权其他部门应用，实现区块链上数据按需流动。各部门根据群众相关授权可以查询与其他部门数据交叉验证，从而实现靠数据证明，靠数据为证的时代，减少业务流程上的协调沟通，让群众真正少跑腿。

区块链赋能政府部门成为驱动政务服务转型升级的方案，比如将区块链应用到传统的电子政务系统中。电子政务系统正处于从部门型向平台型的转变阶段，构建跨省市、跨部门的一站式政务服务平台，即"一网通办"，解决了现行电子政务系统数据孤岛、安全性差、监管缺失等问题。借助区块链技术可以解决数据权责不清、数据质量无保障、难以共享、难开放等发展中的"痛点"，"区块链+电子政务"，将帮助政府建设数字化与智慧化政务，真正实现"数据多跑路，群众少跑腿"，如注册公司的时间从过去的十几天缩短到只要几天，将提升服务效率和群众办事满意度，有效改善企业营商环境。

目前，业界利用区块链政府服务的案例有：青岛试点将政府业务"上链"，实现市民"零跑腿"和"无纸化"办理；陕西省推出基于区块链技术的全省一体化政务云平台"陕数通"；南京市推出区块链证照平台，实现电子证照的可信互认；天津市将区块链技术与跨境贸易业务相结合，构建可信的贸易链；深圳市统一政务服务APP"i深圳"，上线区块链电子证照应用平台。

第七讲 区块链技术为治理现代化赋能

教育、医疗与住房是群众最重要、最直接、最关心的基本需求。目前，住房公积金数据的上链共享解决了住房贷款公积金的应用问题。住房和城乡建设部与中国建设银行联合推出了区块链公积金，使用区块链技术把全国491个城市的公积金数据连接起来，这些城市的市民在外地办理公积金更加方便。

在没有区块链之前，公积金中心只能把数据集中在一个地方或者分散各地而无法互通，北京公积金中心要去上海公积金中心调数据非常麻烦。现在有了区块链，各地的公积金中心可以方便又可信地调取其他公积金中心的历史数据。打通各自为政的公积金系统，实现各地公积金中心连起来构成公积金链，而每个公积金中心采用传统信息系统管理自己的市民公积金信息，通过链上跟链下的结合实现数据协同。同时，公积金区块链还实现了黑名单共享，各城市住房公积金管理中心只需接入平台，分别把黑名单写在链上，就能实现可信记录共享且不可篡改，而失信人异地办理住房公积金业务也会受到影响。基于区块链的"公积金失信黑名单"，不仅实现了各公积金管理机构间的失信黑名单共享和联合惩戒，更能够防篡改、防抵赖、可溯源。

区块链作为一种新技术为地方政府的改革和创新打开了一扇新的窗户。利用区块链技术深化放管服改革，公众存储的链上数据难以丢失，公众办理业务时，可以直接调用，政务效率会大大提升。同时，便于公众对政府的工作进行监督，促进政府机构向服务型职能转变。

2019年10月24日，中共中央政治局就区块链技术发展现状和趋势进行第十八次集体学习。习近平总书记在讲话中指出，要探索利用区块链数据共享模式，实现政务数据跨部门、跨区域共同维护和利用，促进业务协同办理，深化"最多跑一次"改革，为人民群众带来更好的政务服务体验。这意味着区块链技术在应用场景上，将从目前的数字金融、跨境交易、供应链整合等经济领域，延伸到社会民生需求、城市治理与政务服务等社会政策和公共服务领域，使人民群众可以享受到区块链技术带来的数据多跑路、群众少跑腿的智慧服务。

从"互联网+"到未来的"区块链+",区块链技术的广泛应用以及和人工智能、大数据、物联网等前沿信息技术的深度融合,将为经济、金融、交通、教育、医疗、能源、养老、扶贫、社会保障等许多领域赋能,并推动这些领域技术应用和公共服务的集成化、数据化、智能化与智慧化。区块链在政务服务创新方面改善民生服务理念,运用区块链技术提升政务服务水平前景可期,让民众真正得实惠,少跑路,大大提升客户体验。

在"互联网+政务服务""区块链+"和"放管服"改革的推动下,各级政府的政务服务水平显著提升,许多服务事项实现"最多跑一次"乃至零跑动。区块链技术为跨地区、跨部门和跨层级的数据交换和信息共享提供了数据便捷流动应用的价值,为建立政府部门之间的信任和共识提供了保障,在确保数据安全的同时促进政府数据跨界共享。所有部门都参与区块链的"记账"且数据公开透明,所有数据的交换都有迹可寻。真正实现"数据跑路"取代"人跑腿",提升群众的获得感和满意度。

习近平总书记指出,相关部门及其负责领导同志要注意区块链技术发展现状和趋势,提高运用和管理区块链技术能力,使区块链技术在建设网络强国、发展数字经济、助力经济社会发展等方面发挥更大作用。[①]党的十九大报告提出要全面增强党的执政本领,特别是要增强领导干部的学习本领和改革创新本领,能够学会和用好区块链技术等。唯有如此,才能与时俱进,各级政府部门才能在区块链技术的应用方面做好准备,迎接和拥抱"区块链+政务服务"。

---

① 《把区块链作为核心技术自主创新重要突破口　加快推动区块链技术和产业创新发展》,《人民日报》2019年10月26日。

第八讲

探索"区块链+"在民生领域的运用场景

第八讲
探索"区块链+"在民生领域的运用场景

科技改变生活,科技惠及民生。一切科技的进步都是为了更好地改善民生、保障民生福祉,科技只有坚持在发展中保障和改善民生,才能发挥更大的价值。区块链技术具有多方协同、数据不可篡改、可追溯、公开透明、全网数据共享等特性,可以为人民群众提供更加智能、更加便捷、更加优质的公共服务。

一、坚持在发展中保障和改善民生

党的十八大以来,以习近平同志为核心的党中央把保障和改善民生工作摆在了更加突出的位置。一切工作出发点、落脚点都是让人民过上好日子。保障和改善民生是一项长期工作,没有终点站,只有连续不断的新起点。党的十九大报告专门强调,要坚持在发展中保障和改善民生。增进民生福祉是发展的根本目的。必须多谋民生之利、多解民生之忧,在发展中补齐民生短板、促进社会公平正义,在幼有所育、学有所教、劳有所得、病有所医、老有所养、住有所居、弱有所扶上不断取得新进展,深入开展脱贫攻坚,保证全体人民在共建共享发展中有更多获得感,不断促进人的全面发展、全体人民共同富裕。建设平安中国,加强和创新社会治理,维护社会和谐稳定,确保国家长治久安、人民安居乐业。

坚持在发展中保障和改善民生是习近平新时代中国特色社会主义思想在实践层面提出的"十四个坚持"之一,是我国在今后长期发展中要贯彻落实的基本方略。

保障和改善民生是践行全心全意为人民服务根本宗旨的具体体现。要牢记全心全意为人民服务的宗旨,始终把人民安居乐业、安危冷暖放在心上,时刻把群众的困难和诉求记在心里,努力办好各项民生事业。我们党来自人民、植根人民、服务人民,增进人民福祉、促进人的全面发展,是我们党立党为公、执政为民的本质要求。民生涉及群众面最广、涉及群众利益最深、涉及群众的问题最具体。必须始终坚持以人民为中心,把人民立场作为根本立场,把为人民谋幸福作为根本使命,把保障和改善民生作为重要的政治责任,在改革创新中不断增强人民群众的获得感幸福感安全感。

保障和改善民生是满足人民日益增长的美好生活需要的必然选择。2017年10月18日,习近平总书记在党的十九大报告中指出,要坚持把人民群众的小事当作自己的大事,从人民群众关心的事情做起,从让人民群众满意的事情做起,带领人民不断创造美好生活。我国社会主要矛盾已经转变,人民对美好生活需要的内涵不断丰富、层次不断提升,呈现多样化多层次多方面的特点。人民群众期盼更好的教育、更稳定的工作、更满意的收入、更可靠的社会保障、更高水平的医疗卫生服务、更舒适的居住条件、更优美的环境、更丰富的精神文化生活,过去是解决"有没有"的问题,现在更多的是解决"好不好"的问题。必须紧紧围绕人民日益增长的美好生活需要,突出保障重点,夯实保障基础,解决好人民群众最关心最直接最现实的利益问题,满足人民多层次多样化需求。

保障和改善民生是实现共同富裕奋斗目标的重要途径。习近平总书记指出,必须始终把人民利益摆在至高无上的地位,让改革发展成果更多更公平惠及全体人民,朝着实现全体人民共同富裕不断迈进。[1] 共同富裕是社会主义的本质要求。党的十九大对实现"两个一百年"奋斗目标作出战略部署,

---

[1] 习近平:《决胜全面建成小康社会 夺取新时代中国特色社会主义伟大胜利》,《人民日报》2017年10月28日。

第八讲 探索"区块链+"在民生领域的运用场景

提出到建党一百年时建成社会更加和谐、人民生活更加殷实的小康社会，到新中国成立一百年时全体人民共同富裕的目标基本实现，我国人民将享有更加幸福安康的生活。必须深刻把握发展的目的，不断提高保障和改善民生的水平，使人民生活更加充实、更有保障、更可持续，充分展现社会主义制度的巨大优越性，有力推动全体人民一起踏上共同富裕的康庄大道。党的十九届六中全会强调，人民对美好生活的向往就是我们的奋斗目标，增进民生福祉是我们坚持立党为公、执政为民的本质要求，让老百姓过上好日子是我们一切工作的出发点和落脚点，补齐民生保障短板、解决好人民群众急难愁盼问题是社会建设的紧迫任务。必须以保障和改善民生为重点加强社会建设，尽力而为、量力而行，一件事情接着一件事情办，一年接着一年干，在幼有所育、学有所教、劳有所得、病有所医、老有所养、住有所居、弱有所扶上持续用力，加强和创新社会治理，使人民获得感、幸福感、安全感更加充实、更有保障、更可持续。①

"江山就是人民，人民就是江山。"为人民服务从来都不是一句空话，面对新形势、新任务，面对人民群众的新要求、新期盼，要将"我为群众办实事"真正落到实处，各级领导干部就要着力提高群众工作力度，不断提升"民生温度"。

群众利益无小事，一枝一叶总关情。人民群众的每一件琐碎小事，都是实实在在的大事，有的还是急事、难事。比如，群众产业发展、就学就医、就业增收、住房保障等方面的问题，如果这些"小事"得不到及时有效的解决，就会影响群众的日常生活。党员干部在为群众办实事时，必须俯下身子，把自己当"群众"，与群众吃在一起、住在一起、干在一起，站在群众的立场去考虑问题。群众的话要听得进，群众提出的意见、要求、看法要记得住。只有多深入群众中，关注民生、重视民意、体察民情，以人民群众需求为导

---

① 《中共中央关于党的百年奋斗重大成就和历史经验的决议》，《人民日报》2021年11月17日。

向，开出重点民生项目清单，确定群众办实事的具体内容，切实把群众期盼解决的难点痛点堵点作为施政的出发点，发展措施最大化贴近群众，发展成果最大化惠及群众，真正找到群众意愿和要求的最大公约数，才能得到群众的最大认同，也才能让我们的履职尽责变得有"温度"。

群众利益大于天，群众的事应付不得。党员干部服务群众来不得半点虚情假意，为群众办实事，他们不但要听你说得如何，更要看你做得如何。只有找准工作抓手，把民生实事办在人民群众的心坎上，让群众满意，群众才能信任你。因此，党员干部要始终以百姓心为心，把群众当成自家人。为群众办实事要秉持善作善成的务实作风，切实做到常态化、长效化，把功夫下在日常，形成风气、形成规矩，持之以恒地抓好抓实与群众切身利益相关的每项工作。既要有"苟日新，日日新"的精进精神，创新工作的方式方法，又要有"既谋一域，又谋全局"的一盘棋思维，注重统筹协调，重点推进。只有彻底改变"门好进，脸好看，事仍难办"不作为的不良风气，把人民的利益时刻挂在心头，将事关群众的一件件事"精准办""马上办""经常办"，办实办出实效，才能切实解决好服务群众"最后一公里"问题。

天下难事，必作于易；天下大事，必作于细。为群众办实事要杜绝搞形式主义，更要避免走过场或走秀。要将民生工作落到实处，把实事办到群众心坎上，就要牢固树立"以人民为中心"的发展思想，努力保障和改善民生，下大气力解决人民群众最大、最难、最急、最愁的问题，将民生工作落到实处，落到每个细节，把群众最关切最烦心的事一件一件梳理，一件一件解决，切实为群众谋取利益。因为，只有以人民群众为中心，才拿得出敢于涉险滩、啃硬骨头的勇气，涵养"守土有责、守土负责、守土尽责"的责任担当，切实擦亮担当"底色"为群众破解难题。只有厚植为民情怀，把抓重大任务落实作为"试金石""磨刀石"，把全心全意为人民服务的根本宗旨转化为思想自觉、党性观念、纪律要求和实际行动，问政于民、问需于民、问计于民，才能切实提高人民群众获得感、幸福感、安全感。

第八讲
探索"区块链+"在民生领域的运用场景

群之所为事无不成,众之所举业无不胜。不管在什么岗位,我们党最大的政治优势都是密切联系群众,坚持走群众路线。为群众办实事,必须以群众满意作为衡量标准,用真心、动真情、见真章,让老百姓得到更多的实惠。在为群众办实事时,不仅要注重事前的科学谋划,更要做好事后的跟踪问效。面对群众来办事,不能说在口头、停到纸上、流于形式,要做到知责、尽责,不"打太极"、开"空头支票",确保事事有回声、件件有落实。只有坚持实事求是的办事原则,不"瞒"群众、"愚弄"群众、"克扣"群众,不搞"面子工程",不做"表面文章",真正"把权力关进制度的笼子里",不让投机者钻空子、不法者找漏洞,切实架设起改进作风不可触碰的"高压线",才能做到谨慎用权、规范用权,也才能做到情为民所系、权为民所用、利为民所谋、心为民所想、事为民所办,让百姓真正感受到党的"温度"。

各级领导干部要深刻认识到,为民办事,大力实施民生工程,让改革发展成果惠及更多群众,是我们党执政理念的具体体现,是各级党委政府的职责所在,是我们转变作风、贯彻党的群众路线的具体实践。要认识到,大力保障和改善民生与发展经济是有机统一的,改善民生既是稳增长的出发点和落脚点,也将有力推动经济发展。扶贫、环保、教育、卫生、文化、交通、水利、就业、社会保障等和民生领域相关的各方面事业,很多都是经济社会发展中的突出短板,抓好这些领域的民生实事,既是群众的迫切需要,对于促进党和国家各项事业更好更快发展也具有重要作用。要认识到,民生连着民心、民心凝聚民力,解决民生问题是最大的政治,改善民生是最大的政绩。各级领导干部要换位思考,坚持群众立场,站在群众角度思考问题、推进工作,把群众的事当自己的事,把群众的苦当自己的苦,在为民办事的过程中搭起与群众沟通的桥梁,真正做到权为民所用、情为民所系、利为民所谋,使党和国家各项工作获得最广泛、最可靠、最牢固的群众基础和力量源泉。

民生实事是"一把手"工程。对各级党委(党组)确定的民生实事,各责任单位主要负责人是第一责任人,必须切实履行"一把手"责任,主要负责同志要将民生实事时刻放在心上、抓在手中，做到重心下沉、深入一线、亲自过问、狠抓落实。各分管领导对分管的民生实事要定期进行现场指导，主动抓调度、抓协调、抓落实，确保各项工作顺利推进，进一步明确任务，制定方案，细化目标、任务和责任人，并对各项实事明确一名分管领导具体抓，确保全面完成民生实事办理任务。各级检查督察机关对各项民生实事，要拉清单、立专案、明责任、设时限，定期不定期进行抽查，及时通报工作进展情况，进行集中督查，对发现的问题要限期整改；对进度明显滞后的单位，由分管领导约谈其主要负责人。

在民生问题上，要突出重点难点，找准关键环节，强化工作措施。一要迅速分解任务。各单位要结合实际，抓紧制定本地区、本部门的具体实施方案和意见，细化量化任务。规定动作一定要做到位，凡是确定的政策，只能积极实施，不能打折扣；凡是确定的资金数额，要保证如数按期到位；凡是确定的标准，只能提高不能降低。二要强化资金保障。一方面加大财政资金向民生的倾斜力度，确保及时足额落实民生实事资金，优先安排和落实配套资金，保证资金及时足额落实到位；另一方面要严格资金管理，加强对民生实事资金使用情况的审计监督和跟踪问效。三要高标准推进工程类项目建设。加强项目建设管理，保证工程建设的标准、质量、安全和进度，把项目建成群众满意、经得起历史检验的精品工程，坚决杜绝豆腐渣工程、胡子工程。

民生实事涉及部门多、领域广、工作量大，要进一步完善工作推进机制。一要尽早安排、提前谋划。简化审批程序，及早下达计划，争取早开工、早建设、早见效。要科学合理安排工作计划，制定任务分解明细表和工程进度控制表，对所有项目倒排建设工期，确保如期顺利完工。二要创新管理制度、工作机制、运行模式。建立民生实事"绿色通道"，坚持特事特办、急事急办。鼓励和吸引企业、社会组织、民间资本投入民生实事。强化舆论宣传，充分利用媒体，加大对民生实事的宣传力度，使惠民政策深入民心，引导群众支持、配合、监督民生实事的办理。三要强化协调配合，共同推进。各级各部门要坚持统筹一盘棋，加强组织领导，强化协调配合，整体推进实施，任何部门都不能拖后腿，任何环节都不能出问题。四要建立长效运行管理机制。对于已经建成的农村公路、饮水安全工程、卫生院等项目，要健全完善设施运行、维护、管理等制度，并确保落实到位，确保民生实事项目持久发挥效益，真正惠及民生、惠及群众。

民生建设永远在路上，为民服务永远在路上，我们要始终保持强烈的责任感和事业心，以"不用扬鞭自奋蹄"的工作状态，"直挂云帆济沧海"的理想信念，紧抓民生事业，不停顿、不懈怠、不含糊、敢担当、勇负责，进一步在岗位上踏实工作，关注社情民意，做群众的知心人、代言人，为服务群众作出更多的贡献。

二、推动区块链技术在民生领域更广泛、更深入地应用

我国改革开放已经走过了40多年。40多年来，我国从一个农业大国发展成一个制造业大国，从一个难以解决温饱问题的低收入国家跃升为一个生活宽裕、与发达国家在科技上的差距逐渐缩小的国家，目前已经融入全球化科技大潮中。科技给人民生活带来了颠覆性巨变，人们的生活习惯也在被改变，便捷的服务提升了人们的幸福感。一个充满活力、开放、包容与自信的中国正在走向世界舞台，令全球瞩目。

未来政务系统的发展方向是由互联网、大数据等"互联网+"构成的政务服务体系，而区块链技术具有多方协同、数据不可篡改、可追溯、公开透明、全网数据共享等特性，能更好地改善民生政务服务。正如当今的"互联网+"带给人们的生活极大的便利，提升了办事效率，让民众少跑路，让数据多跑路。区块链作为第二代可信价值互联网的基础设施，推动"区块链+民生"这个领域的应用，让区块链融入民生，增进民生福祉是区块链发展的

根本。"区块链+民生"广阔的应用前景让科技改变生活，让生活更美好。积极推动区块链技术在教育、就业、养老、精准脱贫、医疗健康、商品防伪、食品安全、公益、社会救助等领域的应用，拓展"区块链+民生"领域更广泛、更深入的应用，建设科技民生服务大平台。

区块链具有的多方协调全网数据共享、数据加密隐私保护、数据不可篡改、全网透明、分布式数据存储等特性更切合民生领域的应用。未来的社会是数字化引领的社会，正如李克强总理于2017年5月26日向中国国际大数据产业博览会发去的贺信中表示，当前新一轮科技革命和产业变革席卷全球，大数据、云计算、物联网、人工智能、区块链等新技术不断涌现，数字经济正深刻地改变着人类的生产和生活方式，作为经济增长新动能的作用日益凸显。区块链技术作为下一代可信价值互联网的基础设施，将更多地在民生领域的场景应用中发挥巨大价值。

（一）区块链+教育

全社会对各地层出不穷的顶替上大学、学历造假以及学术造假深恶痛绝，教育作为社会阶层流动的重要通道，其公平性关乎的不仅是个人的荣誉，还有社会的公正。从古代科举到现在的各种考试，无不备受重视。近些年来，我们的教育在规模和质量上取得了突飞猛进的成果，但是在"开放"和"公信"方面却依然备受质疑。随着教育改革步伐的深入，教育服务主体的多样化，打通各个教育机构之间的壁垒，突破传统的专业限制和学习时段限制，构建跨校、跨地区、跨国家的学分体系成为未来教育的一个重要趋势。

借助区块链技术，可以实现学习者从源头入学到毕业的全流程学习过程上链存储，对教育行为记录、教育评价结果全面上链。过去的学习过程和学习结果往往不被公众认可，从而产生信任危机，尤其在传统的高等教育领域，学生的学历信用记录体系不完整、不透明，导致政府或者企业无法获得完整的有效信息。面对学历造假、简历造假等问题，用人单位和相关院校缺乏简单高效的验证手段。为此，教育需要打造公信力，在入学、就业等环节全流程服务。区块链技术天然的数据特性更切合教育领域的应用。

2016年10月，工信部颁布《中国区块链技术和应用发展白皮书》，指出区块链系统的透明化、数据不可篡改等特征，完全适用于学生征信管理、升学就业、学术、资质证明、产学合作等方面，对教育就业的健康发展具有重要的价值。2018年颁布的《教育信息化2.0行动计划》更是明确指出加快面向下一代网络的高校智能学习体系建设，探索区块链、大数据等新技术在学习效果记录、转移、交换、认证等方面的有效方式，形成泛在化、智能化学习体系。

通过应用区块链技术的学习管理平台，学习者和教师将成为教学资源和信息的管理和控制者，而不再是学校。因为基于区块链技术的分布式账本数据库可以记录学习过程、保障学生和教师的信息安全、灵活地管理分布式教学资源和信息，并能够通过数据分析技术的应用，在实现大规模学习认证的同时，扩大学习者的受教育机会。

"区块链+教育"让学习者个人信息、学习过程、取得学习证明、职业资格证书或学位证书全面上链存储，从而杜绝了学历造假。基于区块链文凭平台，可以为毕业生颁发基于区块链的学位证书，该证书由于利用了区块链技术具有的数据不可篡改特性、历史留痕特性保障了信息的真实性，保护了教育信息化资源版权等。未来"区块链+教育"有可能带来教育理念的更新与教育模式的变革，由此重构现有的教育体系。

（二）区块链+就业

人力资源是一国未来的巨大财富，解决好就业问题就能更好地人尽其才，"区块链+就业"可以让人力资源相关方更好地实现价值匹配。就业者个人的工作经历、教育记录、技能证明都可以上链存储，通过大数据分析技术给就业者精准画像，实现个人兴趣、性格、技能、同事评价、用人单位评价、诚信记录、就业历史过程的记录等全方位人才评价体系，从而形成就业者依据数据的量化评定，精准地对接就业单位，既便捷了就业者，也方便了需求单位方找到合适的人才。

（三）区块链 + 养老

随着《"健康中国2030"规划纲要》逐步实施，养老健康产业将迎来未来的黄金时期。"区块链 + 养老"可以让养老机构和老人的信息全面上链存储，让老人个人信息、健康数据、检测数据、跨结构服务等全面上链，实现了养老与医疗结合的精准化。同时，也便捷了养老机构根据老人的情况有针对性地服务老人。"区块链 + 养老"可以让老人的养老健康数据在传输与数据共享方面更好地得到保障，实现了对老人的便捷服务。

（四）区块链 + 精准扶贫

2020年是全面建成小康社会和"十三五"规划收官之年。为助力脱贫攻坚决战决胜，以"区块链 + 扶贫"为手段，不断强化与政府、社会力量合作，参与实施诸多公益项目。通过区块链打造精准化扶贫，链接社会扶贫力量，让捐款人、公益机构捐款惠及贫困家庭，以此形成了一套透明、高效的区块链扶贫模式。在精准扶贫方面，区块链技术可以使捐赠的环节更加透明，其原因在于区块链上的交易可以点对点完成，机构可以直接将钱捐赠给指定的人或机构，无须转手多家银行和机构，且每一次捐赠都会直接记录在分布式账本数据库中，记录公开透明，可查询且不可篡改，也可以通过账本追溯捐款去向。

（五）区块链 + 医疗健康

医疗卫生事业关系到人民群众的身体健康和生老病死，医疗服务的便民化、减少过度检查以及降低医疗成本是人民所盼，也与人民群众切身利益密切相关，是社会高度关注的热点。"区块链＋医疗健康"可以更好地协同两端，让病人和医院实现医疗电子病历、医学影像检查、化验检验报告等数据全面上链存储，实现医疗数据在经过病人授权后跨医院协同应用。避免过度检查，从而减轻病人的痛苦，降低病人的医疗负担成本，同时也便于医疗科研院所获得更多的病人数据，促进治疗方案的共享、医药的研发等，从而实现患者与医院建立更好的友好性关系，解决医患矛盾，构建和谐的社会关系。

"区块链＋医疗健康"需要医疗管理部门首先进行顶层设计，充分利用区块链技术，打造医疗健康数据共享平台，实现电子病历、医学影像检查、化验检验报告等医疗检查全面统一的上链存储，创建统一的跨机构、跨区域网络，构建数据交互渠道，实现区块链网络与医疗健康数据脱敏处理后的科研和商业应用开发等，让医药与治疗方案真正造福人类。

（六）区块链＋商品防伪

区块链具有去中心化、分布式、不可篡改、公开透明和可追溯等特点，可以应用到商品防伪和食品安全领域。区块链溯源防伪从源头进行上链存储与跟踪。借助区块链技术，将商品原材料流通过程、生产过程、商品流通过程、营销过程的信息进行整合并写入区块链，实现一物一码全流程追溯。基于区块链技术对"食品简历唯一识别码"，实现商品防伪，保障了食品安全。同时也助力企业打假，维护品牌利益，不仅能够使信息公开透明，而且降低监管的成本。无论是商品防伪、溯源，还是食品安全等，区块链技术已经深入民生领域，造福人民。

（七）区块链＋公益

当今，慈善事业面临的最大难题就是缺乏信任，慈善机构要获得持续支持，就必须具有公信力，而信息透明是获得公信力的前提。同时，慈善机构内部管理缺少必要的监督与审计，需要透明化。随着区块链技术的不断发展，公益行业的透明公开程度有望产生质的飞跃。"区块链+公益"的应用也将提升全社会的公益慈善氛围，可以让志愿者更加投入地做公益。区块链的不可篡改有助于提升公益机构的公信力。

（八）区块链+社会救助

党的十九届四中全会提出"构建解决相对贫困的长效机制"的要求。2020年8月，中共中央办公厅、国务院办公厅印发的《关于改革完善社会救助制度的意见》（以下简称《意见》），提出了"加快构建政府主导、社会参与、制度健全、政策衔接、兜底有力的综合救助格局"的任务目标。保障和改善民生是我们党性质宗旨的具体体现。社会保障是一个大的概念，宏观来讲，主要指政府层面的保障政策，包括保险、救助和福利。保险与劳动贡献密切相关，福利是面向特定人群，而救助扮演的是补差的角色，是社会保障体系的重要组成部分，是切实改善民生的关键，其根本目的就是提高困难群众的生活水平和生命质量，让广大弱势群体共享改革发展的成果。建设新时代社会主义现代化强国，离不开发展的高质量，更离不开民生的强保障。抓民生就要抓住人民最关心、最直接、最现实的利益问题，抓住最需要关心的特殊人群。社会救助面对的服务对象，就是最需要关心的人群。社会大救助体系建设，是保障特殊困难群体权益的长效措施，也是服务经济社会发展大局的底线保障措施。

《意见》提出，加强社会救助信息化，推进互联网、大数据、人工智能、区块链、5G等现代信息技术在社会救助领域的运用。依托国家数据共享交换平台体系，完善社会救助资源库，将政府部门、群团组织等开展救助帮扶的各类信息统一汇集、互通共享，为相关部门、单位和社会力量开展救助帮扶提供支持。推动社会救助服务向移动端延伸，实现救助事项"掌上办""指尖办"，为困难群众提供方便快捷的救助事项申请、办理、查询等服务。"区块链+社会求助"依托区块链具有的数据共享、不可篡改、全程留痕、可追溯查询的特性实现协同化、便民化，真正让困难群众少跑路，数据多跑路。实现精准化救助，全面推行"一门受理、协同办理"。

（九）区块链 + 证明

凡是需要多部门协同服务民生的政务都可以借助区块链技术，应用联盟链，实现多部门协同办公，如公安、民政、社会保障等加入联盟链，可以帮助老百姓实现证明电子化，一链通关，一切身份证明都可以上链存储。

（十）区块链 + 食品

老百姓关心的食品、药品以及农产品安全领域，依靠区块链技术保驾护航，帮助我们建立一套全过程、可追溯、不可篡改的分布式数据库，从而实现对食品、药品、农产品等安全的精准监测、溯源。

"区块链 +"在民生领域的应用场景远不止于此，理论上所有需要信任、价值、协作的民生服务都可以通过区块链技术提供完善方案，如证件办理、业务办理、医药费和发票报销、公积金发放、小额信贷征信、司法审判的证据链、分布式能源、公证领域等，更多的应用还需要"脑洞大开"的创新实践。我们既要加快区块链核心技术的突破创新，不断完善监管机制，也要抓住区块链技术融合、功能拓展、产业细分的契机，推动区块链技术在民生领域更广泛、更深入地应用，实实在在地增进人民群众的福祉。

"20 年后，我们就会像讨论今天的互联网一样讨论区块链。"硅谷未来预言家马克·安德森的比喻，在某种程度上解释了今天人们讨论区块链的热切之情。中国从 1994 年接入国际互联网以来不到 30 年，其影响之深、变革之巨、红利之广举世瞩目，这种成功经验为我们进一步认真审视、及早布局、加快应用区块链技术的思考与实践提供了基础。探索"区块链 +"在民生领域的运用场景，让科技更好地服务民生、普惠大众，才能提升人民的获得感、幸福感。

三、为人民群众提供更加智能、更加便捷、更加优质的公共服务

2019年10月,在中共中央政治局第十八次集体学习时,习近平总书记强调,区块链技术的集成应用在新的技术革新和产业变革中起着重要作用。比如,区块链服务实体经济,将极大地提高整个社会的运转效率;利用区块链技术促进互联互通,也可以保障生产要素在区域内有序高效流动。这就必须强化基础研究,推动协同攻关,加强人才队伍建设,让科学技术繁荣发展的机遇和成果更好地造福全人类。要探索"区块链"在民生领域的运用,积极推动区块链技术在教育、就业、养老、精准脱贫、医疗健康、商品防伪、食品安全、公益、社会救助等领域的应用,为人民群众提供更加智能、更加便捷、更加优质的公共服务。科技为人民群众提供更加智能、更加便捷、更加优质的公共服务是科技应用之本,服务实体才能更好地让人民群众生活更幸福。

科技改变世界,网络赋能生活。当今世界,科技进步日新月异,创新创造层出不穷。诸如大数据、"互联网+"、区块链等,也都成了时代发展的新标签。"区块链"诞生于2008年,作为实体经济和虚拟经济的桥梁,在建设网络强国、发展数字经济、助力经济社会发展等方面能够发挥重要作用。当前,区块链技术应用也已延伸到了数字金融、物联网、智能制造、数字资产交易等多个领域。"区块链+民生",大有可为。借助区块链技术,不仅能够推动实体经济发展,也可以促进民生改善。以脱贫攻坚为例,通过区块链协同计算、大数据分析和人工智能新技术,解决基础数据掌握不全面等问题,能够助力精准脱贫攻坚更加高效、透明、公正。区块链技术与农业数据融合,也可以轻松地跟踪、管理和处理从农作物到库存,再到精确统计数据的各个环节,提升农业供应链的管理效率。

破除"痛点",提纯"获得感"。区块链技术可以解决数据权责不清、难有质量、难共享、难开放等发展中的"痛点",目前区块链技术也已经在商品

溯源、电子发票、疫苗管理等多个和人民生活息息相关的领域得到应用。国家互联网信息办公室已经在 2019 年 1 月 10 日发布《区块链信息服务管理规定》，自 2 月 15 日起施行。不断探索"区块链+"在民生领域的运用，人民群众的"获得感"将更有成色。

解决民生痛点无小事，在现实生活中，我国消费者面临着线上、线下商品种类极大丰富、商品宣传五花八门、短视频带货真假难分、商品品质鱼龙混杂等现象，商品监管手段需要提升。人民群众更关心究竟哪些商品才是安全、健康、放心的商品？这是摆在消费者面前亟待解决的问题。当前，我国居民消费水平全面提升，对严把产品质量关的呼声比较高，尤其对于农产品、婴幼儿奶粉、生鲜、保健品、医药及其他重要产品的安全性、信息透明性、查询便捷性提出了更高的要求。区块链技术恰恰迎合了人民群众需求，更好地解决了民生这些痛点，为人民群众消费保障质量，避免假劣产品。借助区块链可以让产品原产地、企业、消费者以及监管部门统一到一个公链上查询商品的情况，实现了人民群众购买的商品可追溯，及时追踪产品源头，为大众消费保驾护航，从而可以提升人民生活水平，推动消费升级。

对于未来防疫，一旦发现购买的商品携带病毒，可以上链追踪，及时发现商家和购买者，从而实现精准化防控疫情。区块链技术既帮助了人民群众，也帮助了企业更好地经营自己，可以优化企业供应链管理水平，提升品牌竞争力，满足人民群众对企业的信任。区块链技术的应用是真正地强化全过程质量安全管理、全流程监管与风险控制的有效方式。政务服务更智能，区块链一链通实现了政府政务的数据共享，让人民群众少跑路，让数据多跑路。政府服务部门内部体系建设既提升了内部服务效率，也提升了内部协调效率，更好地对外输出高品质服务，打造智能、便捷与优质的服务民生窗口。

区块链技术与大数据、云计算、物联网、人工智能等技术进行融合，拓展了民生公共服务应用，推动区块链底层技术服务和智慧城市建设相结合，探索在信息基础设施、智慧交通、能源电力等领域的推广应用，可以提升城市管理的智能化、精准化水平，从而实现区块链技术不仅能够赋能实体经济，还将为人民群众提供更加智能、更加便捷、更加优质的公共服务。可以预料，在不久的未来，依靠区块链与大数据、云计算、物联网、人工智能、移动通信等技术融合，打造"一门受理、协同办理"的智能公共服务平台，会为人民群众提供更加智能、更加便捷、更加优质的公共服务。

第九讲

区块链技术的安全风险及其应对

第九讲
区块链技术的安全风险及其应对

区块链作为当前核心技术自主创新的重要突破口,其安全风险问题被视为当前制约行业健康发展的一大短板,需要加快探索建立适应区块链技术机制的安全保障体系。要强化对区块链平台及应用的安全评估,提升区块链技术及应用的合规性和规范性,协助建立健全区块链监管体系,强化区块链监管能力建设,共同探索区块链监管新模式,实现监管技术的升级和提效,降低监管成本,确保产业发展与监管并行,为区块链技术的健康发展创造环境。必须加强对区块链技术的引导和规范,加强对区块链安全风险的研究和分析,引导和推动区块链开发者、平台运营者加强行业自律、落实安全责任。

一、区块链发展面临的主要问题和风险

任何新兴技术的发展都不会一帆风顺,毕竟新技术的应用将会对原有社会秩序和格局产生深远影响,区块链技术也不例外。由于区块链具有去中心化、匿名、全网透明、不可篡改的分布式数据存储等特性,必然也面临一些问题,如新技术的风险、安全问题、资源浪费问题、法律和监管问题、三元悖论、数据库空间存储问题、效率问题、吞吐量过低问题、智能合约的责任主体问题。

从实践进展来看,区块链技术在商业银行的应用大部分仍在构想和测试之中,距离在生活、生产中的运用还有很长的路,而要获得监管部门和市场的认可也面临不少困难。当前,区块链技术面临的挑战主要有以下几方面。

首先,受到现行观念、制度、法律制约。区块链去中心化、自我管理、集体维护的特性颠覆了人们的生产生活方式,淡化了国家、监管概念,冲击

了现行法律安排。对于这些，整个世界缺少理论准备和制度探讨。即使是区块链应用最成熟的比特币，不同国家持有的态度也不相同，不可避免阻碍了区块链技术的应用与发展。解决这类问题，显然还有很长的路要走。

其次，在技术层面，区块链尚需突破性进展。区块链应用尚在实验室初创开发阶段，没有直观可用的成熟产品。比之于互联网技术，人们可以用浏览器、APP等具体应用程序，实现信息的浏览、传递、交换和应用，但区块链明显缺乏这类突破性的应用程序，面临高技术门槛障碍。再比如，区块容量问题，由于区块链需要承载复制之前产生的全部信息，下一个区块信息量要大于之前区块信息量，这样传递下去，区块写入信息会无限增大，带来的信息存储、验证、容量问题有待解决。

最后，竞争性技术挑战。虽然有很多人看好区块链技术，但也要看到推动人类发展的技术有很多种，哪种技术更方便更高效，人们就会应用该技术。

（一）新技术的风险问题

任何新技术在诞生的一段过程都面临着新的技术风险，区块链是基于去中心化的分布式数据库、密码学、数学、分布式点对点网络技术等多种技术重混组合的集成，技术开发难度大、投入成本高。在区块链诞生的初期阶段，技术和应用均不成熟，一切都在探索中，这些在实际应用中都需要小范围验证，否则会面临巨大的高风险问题，尤其对重要的实体经济应用要先小范围试点，经过全面评估后，再全面部署应用。

区块链技术可以帮助判断病毒的传播，因为区块链能够提高流行病监测的效率和透明度。因此，可以通过构建一个集成的平台把医疗、旅游、交通、电信和零售等多个行业的数据集成。虽然数据有时是可以伪造或被操纵的，但区块链在平台中的主要角色是确保没有人可以在不留痕迹的情况下伪造或操纵数据。借助区块链技术虽然带来了便利，但也带来了数据泄露风险。虽然区块链技术作为新兴技术融合应用能够帮助应对当前和未来的流行病，但

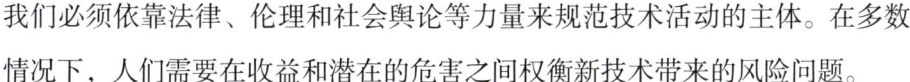

我们必须依靠法律、伦理和社会舆论等力量来规范技术活动的主体。在多数情况下，人们需要在收益和潜在的危害之间权衡新技术带来的风险问题。

（二）安全问题

随着数字化时代的到来，在大数据、区块链、人工智能、量子通信、云计算、物联网和 5G 等新技术的推动下，未来的世界万物智能互联，重建物理世界的数字化、智能化与智慧化融合的社会生态，世界将面临前所未有的安全挑战。区块链作为第二代可信价值互联网时代的基础设施，一旦整个区块链网络系统受到黑客的攻击和控制，带来的后果可能是灾难性的，将超过以前历史上的任何时代。

我们在享受新技术带来的便利时，也面临着网络安全问题的挑战。随着物联网技术的应用，未来世界将打破物理世界和虚拟世界之间的界限。病毒、蠕虫和特洛伊木马过去只在虚拟世界中攻击，随着物联网的应用，未来会在现实世界中造成损害。网络安全专业人员必须提高风险认识，应对区块链、量子通信、大数据、人工智能、云计算、物联网和其他新兴技术带来的新威胁和风险。

2021 年 5 月 8 日，美国最大的燃油输送管线遭遇黑客的网络攻击被迫关停，导致美国东海岸 45% 的汽油、柴油等燃料供应受到影响，具体何时恢复目前未知，美国联邦调查局确认管道运输公司 Colonial 的网络被勒索软件（Ransomware）感染，这类攻击中，黑客通常通过加密数据锁死网络，然后勒索赎金。疑似黑客攻击方、自称为 DarkSide 的组织在其网站上发布声明称其目标是"赚钱"。该公司发布声明称，在遭遇勒索软件攻击后，他们主动切断了某些系统的网络连接，这使得所有管道运输暂停。

网络安全问题成为继自然灾害和极端天气之后的第三大风险，而整体的网络安全能力无疑是一个互联网强国的关键标志之一，上面的案例深刻给我们敲响了警钟。区块链作为第二代互联网可信价值互联网的基础设施，尤其需要加强网络安全建设。

(三) 资源浪费问题

区块链技术的特性带来了数据多份存储,虽然保障了数据安全,但也带来了数据存储的浪费,区块链中引入的共识机制 PoW(工作量证明)带来的电能浪费以及算力浪费,这个就需要平衡处理。

我们以比特币系统为例,为何比特币挖矿对电力的消耗如此惊人?由于比特币的生成过程本质上是一个加入分布式点对点网络的多人做数学题依靠算力进行运算的过程,最先解答出谜题的获得比特币奖励。在比特币总量只有 2100 万枚的条件下,为确保系统的持续、稳定运行,运算难度会随着越多人参与挖矿而不断提高。要继续参与挖矿的竞争,就必须投入更强大的计算,也就是更强大的算力。这就带来了耗电量的不断上升。根据 Digiconomist 的比特币能耗指数(Bitcoin Energy Consumption Index),截至 2017 年 11 月 20 日,全球比特币挖矿的年耗电量约为 29.05TWh,这相当于全球总耗电量的 0.13%。虽然听起来可能不是很多,但这意味着比特币挖矿现在使用的电量已经超过了 159 个国家的年度用电量。如果保持当前比特币全网算力增长幅度,比特币挖矿耗电量未来将超过全球的总发电量。

(四) 法律和监管问题

全球对区块链都在从法律和监管层面解决其带来的新的社会问题。我国是目前全球少数几个能在区块链和加密货币技术架构层次上,提出与时俱进的发展标准和监管要求的国家之一。随着区块链技术的普及和应用越来越多,除了技术层面的监管,法律和政策等制度层面的监管也变得越来越迫切。

由于区块链的去中心化,使传统监管模式不能适应新技术的应用发展。目前,对区块链的监管主要体现在货币系统和金融领域,因其关系到一国的经济秩序和金融体系稳定。除了在小范围的投资领域流转外,比特币还被用于洗钱、勒索和黑市交易等犯罪活动。虽然少数承认数字货币的国家和地区已基本出台了相应的监管政策和举措，但具体监管效果还不确定。除了对明显违法行为的监管之外，还需要对技术规则本身进行规制。区块链的去信任化功能并不能克服技术本身的不诚信问题，以技术为包装的规则因具有隐秘性而使得监管更加困难。

数字货币的矿池和交易平台本身就是中心化的平台，二者虽解决了人人皆可参与挖矿和交易数字货币的现实需求，却成为新的中心化平台，引发因中心化而导致的新的风险。

智能合约与现行法律制度引发新的法律问题，当前区块链应用除了面对监管系统缺位、监管规则空白挑战外，智能合约的应用方面问题尤为突出。目前，关于智能合约方面更多强调其如何实现可编程金融，以及如何取代中介机构等方面，而忽略了智能合约与现有法律系统尤其与合同法的协调和兼容等问题。智能合约完全依靠计算机语言编写的程序，在缔约方之间实现规则的制定、验证和执行，这必然会引发一个根本性问题，即程序代码是否能够精确地表达合同条款的语义，以及合同条款是否又能准确表达当事人的意思，其是否属于被合同法所认可的有效合同形式。智能合约虽然在某种程度上实现了技术与法律的协同，但还需要现行法律制度的进一步完善。

（五）三元悖论

区块链有一个三元悖论问题，衡量区块链的三个指标是高效性、去中心化和安全性。这三个指标在区块链上不可能同时取得最佳，提高其中任何一个指标必然以损害另外一个或两个指标作为代价。区块链技术特性决定了这三个指标需要平衡利弊，如果安全最重要，那就需要在高效性与去中心化之间寻找平衡。去中心化也是相对的，如果为了提高效率，可以在不同的场景应用中选择弱中心化或多中心化。

（六）数据库空间存储问题

随着区块链应用的发展，加入区块链网络的节点越来越多，交易的频繁度也越来越大，区块链的数据存储空间也面临着数据存储问题。区块链全网透明的特性要求系统内每个节点保存一份备份数据，日益增长的海量数据对数据存储空间要求不断提升，也制约了区块链的发展。

以比特币系统为例，随着时间的推移，在其底层技术区块链上参与交易的人也越来越多，分布式账本的内容量急剧扩张，化名中本聪设置的一个区块 1MB 的存储量使得交易过程和交易速度有了限制。目前，比特币主链的区块数据已经超过 200G，对普通用户而言，存储量实在过大。

（七）效率问题

区块链由于其依靠共识机制达成全网的共识，在效率问题上无法实现高频高效的同步。以比特币系统为例，由于其受到工作量证明机制 PoW 的限制，比特币系统每 10 分钟出一个区块，区块最大为 1MB，换算下来就是其每秒仅能处理七笔交易，这与当前中心化的金融系统相比效率极低，大大限制了区块链在大多数金融系统高频交易的场景应用。

（八）吞吐量过低问题

区块链系统上的公链其吞吐量过低，这也是比特币系统的严重问题，会大大限制其他可用场景的拓展。当前，主流公链项目都以改进性能为首要目标，主要以增加区块大小或提高出块频率方式解决吞吐量过低问题。比特币系统靠调整相应参数，可以在一定程度上改善吞吐量过低问题，但其上限也就是每秒几百笔交易，很难有大的突破。联盟链其吞吐量也只有每秒几百到几千笔交易的量级，并不能满足当前金融系统对吞吐量要求达到每秒几万笔交易的需求。

区块链吞吐量过低是全网共识的过程造成的，一个完全去中心化的系统要得到多数节点认可,其需要多次交互确认,而每次交互又伴随着网络延迟,这两个因素决定了区块链的吞吐量很难提高。因此需要其他方式加以解决。

(九)智能合约的责任主体问题

智能合约的应用给法律和监管带来新的问题,需要在法律层面和监管层面进行设计,避免大的法律风险出现,根据相应的法律政策和监管细则制定智能合约。

二、加强对区块链技术的引导和规范

"不以规矩,不能成方圆。"区块链技术如果没有加强技术的引导和规范,就会野蛮生长,鱼龙混杂。正如没有交规和红绿灯的规范化引导,整个交通系统就会瘫痪,就会出现很多交通事故。随着区块链技术已经深入场景应用中,探索区块链与实体经济结合需要加强对区块链技术的引导和规范,才能更好地服务实体经济。

当前,区块链项目的质量与标准差别很大、良莠不齐,没有形成统一的规范,导致区块链项目与其他相关技术结合不统一。因此,需要形成一套规范的标准体系,用于指导区块链技术与开发标准以及监管的规范化,从而实现区块链技术与产品、产业之间的协同衔接向更好的方向发展。

区块链国际标准可以帮助全球不同行业的应用衔接。国际标准建立的这些准则将需要大量的国际合作,需要协商探讨。目前,国内外标准化组织已将区块链标准化提上议事日程,开展了组织建设、标准预研等一系列工作,并初步取得了一定进展。如图 9-1 "区块链演进与国际标准化组织进程"所示,2016 年 9 月,国际标准化组织区块链和分布式分类记账技术标准化技术委员会(ISO / TC 307)正式成立;截至 2018 年 5 月,ISO/TC 307 已有 35 个积极成员(P 成员)、12 个观察成员(O 成员),成立了 4 个工作组(基础工作组、安全、隐私和身份认证工作组、智能合约及其应用工作组、治理工作组）和2个研究组（用例研究组和互操作研究组）。在 TC 307 的第一次会议上，委员会组建了5个关键的发展研究小组，为建立标准奠定了基础：参考架构、分类和本体、用例、安全和隐私、身份和智能合约。在第二次会议上，TC 307 启动了"区块链及分布式记账技术——参考架构"标准，以及"区块链及分布式账本技术——分类学及本体论"技术规格等新工作项投票。在第三次会议上，TC 307 讨论了正在制定的8项国际标准的最新进展和工作计划，多个领域中的新工作提议，以及与其他国际组织建立联络关系等事宜。

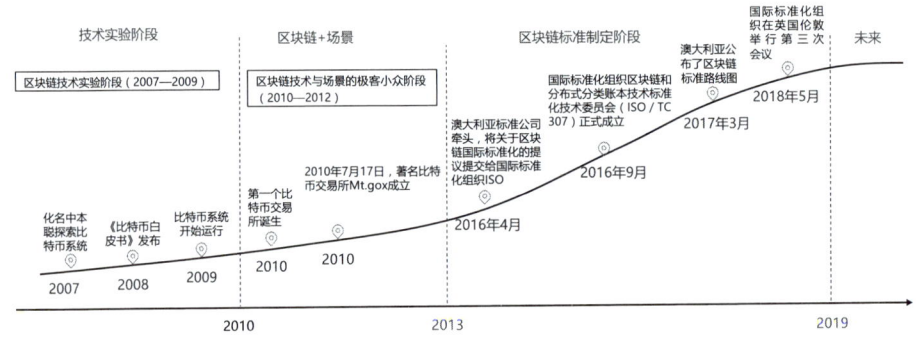

图 9-1　区块链演进与国际标准化组织进程

世界区块链组织（World Blockchain Organization，WBO）是联合国相关机构序列中唯一一个专门聚焦于区块链技术和产业的非政府组织，也是全球最大的区块链国际组织。未来几年，WBO 将重点在全球范围内促进区块链国际标准制定、区块链技术研究开发、区块链产业园区投资、区块链国际牌照发放、区块链国际会议认证、区块链教育推广等推广和促进活动。

全球区块链标准制定权已经在激烈的争夺中，中国也在积极参与。2016年7月，工信部信息化和软件服务业司印发了《关于组织开展区块链技术和应用发展趋势研究的函》（工信软函〔2016〕840号），委托工信部电子标准院联合多家国内重点企业开展区块链技术和应用发展趋势研究工作。2016年8月，工信部电子标准院在北京组织召开了区块链技术和产业发展论坛筹备会暨白皮书编写启动会，对我国区块链技术和应用面临的机遇和挑战进行了讨论。2016年10月，工信部发布《中国区块链技术和应用发展白皮书（2016）》，书中分析了国内外区块链发展现状及典型的应用场景，提出了描绘我国区块链技术发展路线图的建议，并首次提出构建区块链标准体系框架的建议。

2018年，为推动区块链技术和产业发展，信息化和软件服务业司指导中国电子技术标准化研究院，联合蚂蚁金融云、万向控股、微众银行、万达网络、平安科技等骨干企业，开展区块链技术和应用发展趋势专题研究，编撰形成了《中国区块链技术和应用发展白皮书（2018）》。白皮书总结了区块链发展现状和趋势，分析了核心关键技术及典型应用场景，提出了我国区块链技术发展路线图和标准化路线图等相关建议。

中国在区块链国际标准化工作中的重要性进一步显现，2018年5月14日至18日，ISO/TC 307第三次全体会议在英国伦敦召开。中国作为该技术委员会的积极成员（P成员）派出代表团参加本次会议。由ISO/TC 307国内技术对口单位中国电子技术标准化研究院组织国内不同企业和研究机构的13位专家组成了本次代表团。本次会议讨论了正在制定的8项国际标准的最新进展和工作计划，多个领域中的新工作提议，以及与其他国际组织建立联络关系等事宜。

中国向本次会议提交了《数据格式规范》的团体标准，并提出关于开展数据格式标准研制的工作提议。经会议讨论，决定将由中国主导开展名为区块链和分布式记账技术中的数据流动和数据分类（Data Flow and Data Taxonomy for Blockchain and Distributed Ledger Technologies）的新工作项目研究，由中国电子技术标准化研究院担任项目牵头单位，编写相关研究报告，并在2018年10月的第四次会议中提交NWIP（新工作项目建议）。

纵观全球范围，中国区块链标准化方面的工作起步较早。早在2016年

10月，由工业和信息化部信息化和软件服务业司、国家标准化管理委员会工业标准二部指导，中国电子技术标准化研究院组织国内区块链优势企业编写的《中国区块链技术和应用发展白皮书（2016）》中，就提出了区块链标准化路线图和标准体系框架。在参考架构标准研制方面，2017年5月，中国发布了全球首个《区块链参考架构》团体标准，并将其作为贡献物提交给了ISO/TC 307，推进了参考架构国际标准（AWI 23257，Blockchain and Distributed Ledger Technologies—Reference Architecture）的立项。在数据方向的标准研制方面，2017年12月，中国发布了《区块链数据格式规范》团体标准；与此同时，ISO/TC 307中关于数据的标准化方向尚未开始布局，本次会议上中国再次成功推动了该方向国际标准的工作。此外，在区块链应用研究方面，中国电子技术标准化研究院在2017年6月启动了一项区块链应用技术路线的研究，重点分析多个领域方向的应用案例，并提出区块链应用实施路径、技术选型和应用评估等方法，这项工作作为《中国区块链技术和应用发展白皮书（2018）》的重点内容；与此同时，ISO/TC 307的用例（Use Cases）研究组也正在开展案例研究和应用指导的相关工作。

中国目前的区块链企业数量在全球位居前列，新增企业数量超过美国，申请专利数量位居全球第一。从全球来看，标准化和产业化相互促进，共同发展，将是区块链产业发展的重要特征。中国在国际标准化工作中的主要任务就是，将国内的区块链技术和应用实践转化到全球的标准化成果中，同时也吸收全球的最新技术经验，不断促进和提升中国区块链产业的全球化。

在实际应用中，区块链涉及场景较为复杂，落地模式还不够清晰，区块链在实体经济领域的探索应用还处于起步阶段，尚需完善技术，找准应用场景，解决实施等现实难题。要加强对区块链技术的引导和规范，加强对区块链安全风险的研究和分析，探索建立适应区块链技术机制的安全保障体系，推动区块链安全有序发展。

对此，习近平总书记强调，要加强对区块链技术的引导和规范，加强对区块链安全风险的研究和分析,密切跟踪发展动态,积极探索发展规律。要探索建立适应区块链技术机制的安全保障体系,引导和推动区块链开发者、平台运营者加强行业自律、落实安全责任。要把依法治网落实到区块链管理中,推动区块链安全有序发展。[1] 政府部门可以运用区块链等技术手段创新监管方式,提高监管效率,降低监管成本,提升管理和服务能力。建立健全区块链规制体系,是提高监管有效性的前提和基础。2019年1月,《区块链信息服务管理规定》已经国家互联网信息办公室室务会议审议通过,自2019年2月15日起施行。《区块链信息服务管理规定》发布,旨在明确区块链信息服务提供者的信息安全管理责任,规范和促进区块链技术及相关服务健康发展,防范区块链信息服务安全风险,为区块链信息服务的提供、使用、管理等提供有效的法律依据。

三、建立适应区块链技术机制的安全保障体系

区块链作为当前核心技术自主创新的重要突破口,区块链的安全风险问题被视为当前制约行业健康发展的一大短板,频频发生的安全事件为业界敲响警钟。拥抱区块链,需要加快探索建立适应区块链技术机制的安全保障体系。区块链作为重要的底层基础设施,在其快速发展的过程中要高度重视安全问题,不断强化对区块链平台及应用的安全评估,提升区块链技术及应用的合规性和规范性,协助建立健全区块链监管体系,强化区块链监管能力建设,共同探索区块链监管新模式,实现监管技术的升级和提效,并降低监管成本,确保产业发展与监管并行,为区块链技术的健康发展创造环境。

区块链技术只有通过安全保驾护航才能更好地服务实体经济,融入场景中。随着区块链技术由早期的探索到如今丰富的场景应用,区块链已经进入

---

[1] 《把区块链作为核心技术自主创新重要突破口 加快推动区块链技术和产业创新发展》,《人民日报》2019年10月26日。

发展快车道，技术应用已延伸到数字金融、政府政务、物联网、智能制造、供应链管理、能源、数字资产交易等多个领域。

区块链安全事件也屡屡发生，甚至成为黑客攻击的"重灾区"。

2014年，世界最大的比特币交易所运营商门头沟（Mt.Gox）宣布其交易平台的比特币被黑客盗取。

2018年3月，"币安"交易所发布公告称遭遇黑客一次有规模的钓鱼获取用户账号并试图盗币的行为。

2018年5月，360公司伏尔甘（Vulcan）团队发现了区块链平台EOS的一系列高危安全漏洞，并称其为"区块链史诗级漏洞"。

腾讯安全此前发布的《2018上半年区块链安全报告》显示，随着区块链的经济价值不断升高，不法分子利用各种攻击手段获取更多敏感数据，"盗窃""勒索""挖矿"等，借着区块链概念和技术，使区块链安全形势变得更加复杂。

区块链早期主要在数字金融领域应用，本身承载了很多的资产和数据，也更容易被黑客攻击，这方面也存在一定的隐患。

区块链主要分为公有链、私有链和联盟链。其中，公有链面向全球用户，所有用户均可登录，不设访问权限，也是黑客重点攻击的对象；私有链和联盟链需要一定的认证才能加入，安全事故大多发生在其算法和底层设计本身，偶有黑客出于商业目的进行攻击。

相关机构的调查显示，2018年全球发生的区块链安全事件高达128起，造成约20亿美元的经济损失。随着区块链行业逐步发展壮大，安全问题也日益严峻。

高风险成为区块链产业发展的短板。随着国内正加快推进区块链技术创新和应用场景落地，因区块链核心技术、机制和应用部署等方面均存在诸多安全隐患，如果不法分子利用相关漏洞实施攻击，将可能造成严重安全风险事件。

以太坊作为区块链第二代技术所应用的智能合约的开发，成为区块链安全领域的重灾区；此外，在区块链的应用层，从事第三方数字钱包或交易平台服务的公司或机构由于采用不安全的私钥管理方式，往往也成为黑客攻击的重点对象。

加强区块链安全技术的研究，防患于未然，需要区块链技术与区块链安全技术协同发展。区块链主要存在的安全问题：一是区块链自身底层技术机制带来的安全问题；二是区块链与生态应用结合带来的安全问题；三是使用者带来的安全问题。这三个方面需要引起高度重视，才能减少区块链安全的风险。

区块链行业从业者要增强安全风险意识。目前区块链相关软硬件的安全系数不高，随着区块链与应用产业生态的结合，如果不能把安全做好，堵塞安全漏洞，很可能给"区块链+"产业带来巨大损失。随着区块链生态场景应用环节的增加，区块链安全防护带来的难度也加大。

区块链安全防范策略：

（1）底层技术上加强安全攻防的实验，关注全球网络安全态势，对当前网络病毒和网络漏洞定期检查、扫描、监控等。

（2）加强用户网络安全教育，提升用户安全意识，防范人为地引入不安全病毒。

（3）建立智能合约安全审计，加强全网的安全审计。

（4）完善安全预警机制，做好安全测评。

（5）网络层面做到相应的网络隔离，如金融领域三网分离，生产网、互联网、办公网三网分离，更好地让区块链技术服务相应的产业应用，从网络层面隔离，提升安全防护的能力。

推动区块链技术和生态产业发展，推进区块链和经济社会融合发展，筑牢区块链的安全防护，建立适应区块链技术机制的安全保障体系是关键，只有这样才能保障第二代可信价值互联网安全运行。

随着大家对网络安全的认识，区块链领域相关安全服务企业近年来也逐渐认识到安全的重要性，促进了越来越多的区块链企业内部也在加大对区块链安全领域的研发和投资。

对于区块链行业日益突出的安全问题，需要进行顶层设计，从中央到地方都要加强安全意识，从政策、行业、企业多方面入手。顶层设计上应加快制定区块链安全标准与规范；行业层面应大力发展区块链安全服务企业，推动安全解决方案和安全服务落地；企业应投入更多资金和人力，加大安全防护的研发。安全无小事，事关区块链产业应用大局，对此，必须高度重视，认真防范和化解区块链安全风险问题。

第十讲

把依法治网落实到区块链管理中

第十讲
把依法治网落实到区块链管理中

网络空间不是法外之地,必须科学认识网络传播规律,提高用网治网水平。对此,不仅要提高网络综合治理能力,形成经济、法律、技术等多种手段相结合的综合治网格局,还要培育公平的市场环境,强化知识产权保护,反对垄断和不正当竞争,依法严厉打击网络黑客、电信网络诈骗、侵犯公民个人隐私等违法犯罪行为,维护人民群众合法权益。要把依法治网落实到区块链管理中,推动区块链安全有序发展,使区块链技术在建设网络强国方面发挥更大作用,推动依法管网、依法办网、依法上网,确保互联网在法治轨道上健康运行。

一、网络空间不是法外之地

党的十八大以来,以习近平同志为核心的党中央高度重视网络安全和信息化工作,发表了一系列重要讲话,作出一系列决策部署,深刻回答了事关网信事业长远发展的一系列重大理论和实践问题,形成了新时代网络强国战略思想。新时代网络强国战略思想是习近平新时代中国特色社会主义思想的重要组成部分,是做好新形势下网信工作的思想指导、基本依据和根本遵循,对发展以网络安全为基本前提、以人民利益为根本取向、以依法治理为鲜明特征的中国特色社会主义网信事业,具有重大思想引领价值和实践指导作用。

首先,维护网络安全是新时代网络强国战略的逻辑起点。习近平总书记高度重视网络安全问题,多次发表重要讲话,强调网络安全的重要性。2014年2月27日,在中央网信小组第一次会议上指出,网络安全和信息化是一体之两翼、驱动之双轮，必须统一谋划、统一部署、统一推进、统一实施。2016年4月19日，在网信工作座谈会上强调，网络安全和信息化是相辅相成的。安全是发展的前提，发展是安全的保障，安全和发展要同步推进。2018年4月20日，在网信工作会议上再次指出，没有网络安全就没有国家安全，就没有经济社会稳定运行，广大人民群众利益也难以得到保障。2018年8月21日，在全国宣传思想工作会议上强调，提高用网治网水平，使互联网这个最大变量变成事业发展的最大增量。这些重要论述，深刻指出了网络安全对于国家安全的前提基础作用，成为新时代网络强国战略思想的逻辑起点。

国家安全是治国理政的根本前提，网络安全是国家安全的核心关键。在西方敌对势力不断对我国推行西化、分化战略背景下，为有效维护国家安全，党中央居安思危，于2015年1月审议通过了《国家安全战略纲要》，强调要以人民安全为宗旨，以政治安全为根本，以经济安全为基础，以军事、文化、社会、科技安全为保障，以促进国际安全为依托，构建新形势下的总体国家安全观。基于这种新型国家安全观，2015年7月，十二届人大十五次会议通过了《中华人民共和国国家安全法》，专门在第二十五条对网络安全进行了规定，提出要建设网络与信息安全保障体系，提升网络与信息安全保护能力，维护国家网络空间主权、安全和发展利益。2016年11月，为保障网络安全，维护网络空间主权和国家安全、社会公共利益，保护公民、法人和其他组织的合法权益，促进经济社会信息化健康发展，十二届全国人大二十四次会议专门通过《中华人民共和国网络安全法》。在总体国家安全观语境下，网络安全已经成为党和国家一项非常重要的工作，不仅是国家安全的重要内容，而且还是国家主权的基本体现。

其次，坚持以人民为中心是新时代网络强国战略的价值主线。人民是历史的创造者，是决定党和国家前途命运的根本力量。对我们党来说，人民立场是党的根本政治立场，人民性是党的根本政治属性。习近平总书记在不同

第十讲
把依法治网落实到区块链管理中

场合多次强调要坚持以人民为中心。在 2013 年 8 月 19 日召开的全国宣传思想工作会议上提出，要树立以人民为中心的工作导向。在 2016 年 4 月 19 日召开的网信工作座谈会上强调，网信事业要发展，必须贯彻以人民为中心的发展思想，适应人民期待和需求，让亿万人民在共享互联网发展成果上有更多获得感。在 2018 年 4 月 20 日召开的网信工作会议上强调，网信事业发展必须贯彻以人民为中心的发展思想，把增进人民福祉作为信息化发展的出发点和落脚点，让人民群众在信息化发展中有更多获得感、幸福感、安全感。通过这些重要讲话可以看出，以人民为中心是习近平新时代中国特色社会主义思想一以贯之的精神实质和灵魂旗帜，也是新时代网络强国战略一以贯之的价值主线和核心要义，必须在党的各项工作中，包括在网信工作中，全面准确地予以贯彻落实。在网信工作中坚持以人民为中心，就要把党的群众路线贯彻到网信工作全部活动之中，为人民服务、为人民担当，顺应人民群众对美好生活的向往，不断实现好、维护好、发展好最广大人民根本利益，做到网信事业发展为了人民、发展依靠人民、发展成果由人民共享。

最后，坚持依法治理是新时代网络强国战略的实践保障。全面依法治国是坚持和发展中国特色社会主义的本质要求和重要保障，是实现国家治理体系和治理能力现代化的必然要求，事关我们党执政兴国，事关人民幸福安康，事关党和国家长治久安。党的十八大以来，习近平总书记高度重视法治建设，不仅把全面依法治国纳入"四个全面"战略布局，还多次强调要运用法治思维和法治方式，在法治轨道上推动各项工作。

依法推进网信工作是全面推进依法治国的应有之义。习近平总书记非常重视网信工作法治建设，多次强调要坚持依法治网、依法办网、依法上网，加强网络法治建设。习近平总书记在关于《中共中央关于全面深化改革若干重大问题的决定》的说明中指出，如何加强网络法制建设和舆论引导，确保网络信息传播秩序和国家安全、社会稳定，已经成为摆在我们面前的现实突出问题。[①] 在 2014 年 2 月 27 日召开的中央网络安全与信息化领导小组第一次会议上，习近平总书记提出，要抓紧制定立法规划，完善互联网信息内容管理、关键信息基础设施保护等法律法规，依法治理网络空间，维护公民合法权益。在 2015 年 12 月 16 日召开的第二届世界互联网大会上，习近平总书记指出，网络空间不是"法外之地"，网络空间是虚拟的，但运用网络空间的主体是现实的，大家都应该遵守法律，明确各方权利义务，让互联网在法治轨道上健康运行。在 2018 年 4 月 20 日召开的网信工作会议上，习近平总书记强调，要推动依法管网、依法办网、依法上网，确保互联网在法治轨道上健康运行。对此，不仅要提高网络综合治理能力，形成经济、法律、技术等多种手段相结合的综合治网格局，还要培育公平的市场环境，强化知识产权保护，反对垄断和不正当竞争，更要依法严厉打击网络黑客、电信网络诈骗、侵犯公民个人隐私等违法犯罪行为，维护人民群众合法权益。

新时代贯彻落实网络强国战略，推进网信事业发展，就必须按照全面依法治国要求，加快网络立法进程，健全网络法律体系建设，完善依法监管措施，全面推进网络空间法治化，使得依法治理成为新时代网信事业发展的时代主题和鲜明特征。为此，我们先后制定了《国家信息网络专项立法规划 2014—2020》《全国人民代表大会常务委员会关于加强网络信息保护的决定》《中华人民共和国刑法修正案（九）》和《中华人民共和国网络安全法》等法律、决定，稳步推进互联网法治建设，维护网络安全、保护网络活力、化解网络风险，推动和保障互联网在法治轨道上持续快速健康有序发展。

新一轮科技革命带来传播格局深刻变革，信息化发展及其趋势使得改进创新宣传思想工作任务之艰巨前所未有。对此，我们必须科学认识网络传播规律，提高用网治网水平，使互联网这个最大变量变成事业发展最大增量。根据中国互联网络信息中心（CNNIC）发布的第 49 次《中国互联网络发展

[①] 习近平：《关于〈中共中央关于全面深化改革若干重大问题的决定〉的说明》，《人民日报》2013 年 11 月 16 日。

状况统计报告》，截至 2021 年 12 月，我国网民规模为 10.32 亿，互联网普及率达 73.0%，我国手机网民规模达 10.29 亿，网民中使用手机上网的比例达 99.7%。互联网目前已成为绝大多数民众获取信息的主要渠道，已经成为广大群众的一种生活方式。互联网作为当前社会信息的主要来源平台，对广大网民的求知途径、思维方式、价值观念、生活习惯会产生重要影响，互联网传播信息的历史观、民族观、国家观、文化观会直接传导到线下，影响到现实中人们对国家、对社会、对工作、对生活的看法，影响到人们的人生观、价值观、世界观。在这个意义上，互联网已经成为宣传思想工作的主阵地、思想政治工作的主渠道和意识形态斗争的主战场。

互联网时代，必须提高网络综合治理能力，善于运用经济、法律、行政、技术等各种手段管网治网，推动形成更加清朗的网络空间，使互联网这个最大变量转变为事业发展的最大增量。随着信息革命的发展，移动互联网发展很快，智能手机、平板电脑等移动终端已成为人们上网获取信息的最主要途径，年轻人几乎是无人不网、无日不网、无处不网。要做好新形势下宣传思想工作，必须把占领新兴媒体作为重中之重，实施移动优先战略，加强各类新平台终端建设，打通报、台、网、微、端，整合主流媒体资源向端上聚集，推动各类宣传力量在端上发声，不断扩大在移动终端的覆盖面和影响力，让党的创新理论"飞入寻常百姓家"。

作为宣传思想工作的主阵地，互联网宣传必须坚持团结稳定鼓劲、正面宣传为主的重要方针，坚持巩固壮大主流思想舆论，弘扬主旋律，传播正能量，激发全社会团结奋进的强大力量，不断提高工作质量和水平，把握好时、度、效，增强吸引力和感染力，让群众爱听爱看、产生共鸣，充分发挥正面宣传鼓舞人、激励人的作用。在互联网环境下，必须强化互联网思维，积极探索网络信息生产传播的特点规律，深刻把握传统媒体和新兴媒体融合发展的趋势，善于运用网络新技术新应用，熟练掌握分众化、互动化方式，不断提高网上正面宣传和网络舆论引导的水平。只有这样，才能不断巩固壮大主流思想舆论，使得互联网这个最大变量变成事业发展的最大增量。

随着全面深化改革的逐渐深入，我国的社会结构和社会生活发生了深刻变革，人们思想观念、价值取向、利益诉求、思维方式、心理状况都呈现出了多元多样多变的状态和趋势。在这种背景下，我们必须把统一思想、凝聚力量作为宣传思想工作的中心环节，需要切实加强思想政治工作并充分发挥其主导作用，有效引导社会成员在多样化多元化中坚持正确政治方向、舆论导向和价值取向，教育引导人民朝着党中央确定的目标，齐心协力加油干，团结一致向前看。

思想政治工作是做人的工作的，人在哪儿重点就应该在哪儿。现在是互联网时代，人们都上了网，民意也就上了网，我们的思想政治工作也要随着转移到网上，通过网络来走群众路线、做好思想政治工作就成为我们的一项基本功。网络的发展深刻改变着舆论格局、拓展着宣传思想阵地，要把网上舆论工作作为宣传思想工作的重中之重来抓。今天，网络已经成为社会动员的沃土，成为知民情、聚民智、汇民意的沃土，不牢牢占领网络这一阵地，就无法牢牢掌握网上舆论工作的领导权、管理权、话语权，就可能犯无可挽回的历史性错误。2016年4月19日，习近平总书记在网络安全和信息化工作座谈会上提出，凝聚共识工作不容易做，大家要共同努力。为了实现我们的目标，网上网下要形成同心圆。什么是同心圆？就是在党的领导下，动员全国各族人民，调动各方面积极性，共同为实现中华民族伟大复兴的中国梦而奋斗。因此，形成网上网下同心圆是网络思想政治工作的根本目标，互联性也就成为加强宣传思想工作和精神文明建设的重要平台，是为民排忧解难、做群众思想政治工作的重要渠道。

在互联网时代，全媒体不断发展，出现了全程媒体、全息媒体、全员媒体、全效媒体，信息无处不在、无所不及、无人不用，导致舆论生态、媒体格局、传播方式发生深刻变化，传统思想政治工作面临新的挑战，对此，必须认真对待、积极回应。做好网络群众路线、积极回应网民关系，推进媒体深度融合、构筑网上网下同心圆，就需要积极、有效运用互联网发展成果，动员和激励广大人民群众积极投身社会主义现代化建设，把人民群众所需所盼与党委政府积极作为对接起来，把服务延伸到基层、问题解决在基层，推动新闻信息与政务、服务紧密结合，在倾听人民呼声、回应人民关切中宣传引导群众，让网上、网下的广大民众都在一个同心圆中统一思想，汇聚力量，凝聚共识，不断巩固广大人民群众团结奋斗的共同思想基础。

意识形态工作是党的一项极端重要的工作，事关党的前途命运，事关国家长治久安，事关民族凝聚力和向心力，必须把意识形态工作的领导权管理权话语权牢牢掌握在手中，任何时候都不能旁落。当前，随着网络信息科技的日新月异，意识形态工作已经从传统领域延伸至网络领域，互联网已经成为意识形态斗争的主战场、主阵地和最前沿。互联网引发了深刻的传播革命，已成意识形态信息的集散地和社会思想舆论的放大器。众多的网络传播平台在带来传播便利的同时，也已越来越成为网上舆情生成和传播的策源地。网络空间是亿万民众共同的精神家园，网络空间天朗气清、生态良好，符合人民利益；网络空间乌烟瘴气、生态恶化，不符合人民利益。坚持营造风清气正的网络空间，亿万民众共同的精神家园将越来越美好。

对此，2014年2月27日，习近平总书记在中央网络安全和信息化领导小组第一次会议上强调指出，没有网络安全就没有国家安全，没有信息化就没有现代化。2016年4月19日，习近平总书记在网络安全和信息化工作座谈会上专门指出，互联网不是法外之地。利用网络鼓吹推翻国家政权，煽动宗教极端主义，宣扬民族分裂思想，教唆暴力恐怖活动，等等，这样的行为要坚决制止和打击，决不能任其大行其道。利用网络进行欺诈活动，散布色情材料，进行人身攻击，兜售非法物品，等等，这样的言行也要坚决管控，决不能任其大行其道。没有哪个国家会允许这样的行为泛滥开来。我们要本着对社会负责、对人民负责的态度，依法加强网络空间治理，加强网络内容建设，做强网上正面宣传，培育积极健康、向上向善的网络文化，用社会主义核心价值观和人类优秀文明成果滋养人心、滋养社会，做到正能量充沛、主旋律高昂，为广大网民特别是青少年营造一个风清气正的网络空间。2019年1月25日，习近平总书记在主持中央政治局第十二次集体学习时专门强调指出，要从维护国家政治安全、文化安全、意识形态安全的高度，加强网络内容建设，使全媒体传播在法治轨道上运行。

习近平总书记关于互联网建设的这些重要论断，深刻揭示了新形势下互联网对党、对国家、对社会、对工作的重要意义，明确指出了牢牢掌握网络意识形态工作领导权、管理权的重要性，为我们做好网络意识形态建设指明了方向、明确了思路、提出了要求，是我们做好新时代网络意识形态工作的基本遵循和行动指南。在新形势下，做好网络意识形态工作应坚持互联网思维、互动思维，强化受众意识，采用广大群众容易接受的宣传方式，善于使用网络语言、百姓语言以增加趣味性和大众性，努力取得最佳宣传效果。

中华民族伟大复兴，绝不是轻轻松松、敲锣打鼓就能实现的，实现伟大梦想必须进行伟大斗争。意识形态领域的斗争本质上是一场严肃的政治斗争，网络意识形态斗争更是一场没有硝烟的斗争，各级党组织和全体党员都必须把打赢网络意识形态斗争、维护网络意识形态安全作为重要工作、摆在重要位置来加以对待。面对互联网时代普遍存在的"能力不足"和"本领恐慌"，做好新形势下的网络意识形态工作，必须不断提升互联网意识和用网治网本领水平，坚持营造风清气正的网络空间，全面落实网络意识形态工作责任制，坚决维护意识形态安全，使互联网这个最大变量变成事业发展的最大增量。

区块链作为第二代互联网（可信价值互联网），让人们生活更便利、更舒适、更美好，实现了生产力的提高；让信用像信息一样自由流动，推动信息交流、促进经济与文化繁荣、凝聚社会共识；也为数字经济发展打下坚实基础，更好地改进了生产关系。

区块链作为网络上万物生长的基础土壤，需要像第一代互联网时代一样，从顶层立法，真正有法可依，加强行业法律意识，从法律和技术角度协同管控区块链网络上的违法行为,从法律的角度进行监管,从技术的角度实现违法预警与协查。为网络空间织就健全的法网,虚拟网络社会规范有序才能根本保障区块链更好地服务可信价值互联网时代,服务数字经济时代,服务实体经济以及大众需求。人们已经从物理现实走向虚拟现实,虚拟网络空间作为当前以及未来的主要生活空间也不是法外之地,需要健全法网,规范虚拟网络空间,使其有序发展,促进网络空间保持青山绿水的生态环境,积极营造风清气正的网络空间,杜绝虚假、诈骗、黄赌毒等网络违法行为。

顺应时代要求,把网络空间管控好,服务大局,服务实体经济。当前互联网的发展对法律带来新的机遇和挑战,可以说前所未有。大数据、云计算、人工智能、区块链、5G、量子通信等信息技术既是新工具、新思维和新方法,也带来许多新问题,体现了网络空间违法监管难度,违法信息一旦传播都是指数级趋势,要早发现、早预警、早管控,做到"三早",才能从根本上减少违法信息传播速度,减少违法信息传播面。虚拟网络空间依据其违法类型以及传播广度进行分类管控,依靠科技手段,分级设置策略,提前预警,依法管控。

如何把网络空间管控好,如何实现科技与法律协同发展,是当前法律从业者以及研究者要考虑的。比如:如何认清网络上的虚假信息、诈骗,以及短视频虚假宣传与欺诈?用户在网络直播中的打赏行为能否被认定为赠予?在网上骂人犯不犯法?公民网络肖像权、名誉权等人格权保护力度如何加强?网络空间知识产权保护如何界定?主播未经授权播放他人音乐的行为违不违法?所有这些面临的问题在区块链引领的第二代互联网时代也不例外,也会出现,有可能传播的速度更快,管控难度更大,新科技带来新挑战。

根据区块链特性,制定适应区块链发展的法律框架,不同网络空间,法律需要提前介入,适应科技发展的需求,让第二代互联网时代有法可依。一是加强顶层设计,对虚拟网络空间从国家层面立法,实现有法可依,依法监管。二是依靠科技提前预警,及时发现虚拟网络空间的违法行为。由于虚拟网络空间信息传播是指数级传播,传播速度快,传播面广,需要依靠科技手段，建设违法预警系统，早发现，早预警，早报告。全面推动依法治网，重点是紧跟技术发展趋势，强化技术应用上的法律意识，避免法律的漏洞。随着虚拟经济的发展进入快车道，虚拟互联网产业与经济社会发展深度融合，物理空间与虚拟网络空间线上与线下的结合越来越紧密，打击违法犯罪的难度也在加大。这说明科技具有两面性，也是一把双刃剑，用好了可以造福人类，反之则成为人类的灾难。所有的自由都是相对的，没有绝对的自由，虚拟网络空间也不是绝对的自由之地，需要依法管控，才能良性发展。法律要把握时代脉搏，制定适应时代科技的法律，通过审理新类型互联网案件，不断提炼总结制定适应第二代互联网发展的法律，全面提升互联网依法治理能力，依法监管。三是加强行业从业者自律，提升法律意识，避免依靠科技打擦边球，干出违法乱纪的事情。区块链具有的匿名性带来了监管难度，需要利用科技手段取得相应证据，才能更好地监管网络空间的不法行为，避免虚假、诈骗等违法信息的传播。建立网络安全科技监管部门，研究网络犯罪案例，依靠科技手段发现违法行为，才能更好地提升法律治理能力。

随着互联网的普及、移动互联网的发展，目前近 46.6 亿网民构成了全球最大的数字社会。"十三五"期间，我国网民规模从 6.88 亿增长至 9.89 亿，五年增长了 43.8%。到 2021 年 12 月，我国网民规模已达 10.32 亿，互联网普及率达 73.0%。人们的生活习惯也在慢慢改变，虚拟经济迎来了大发展时期，虚拟经济成为未来的新增长引擎。建设一套适应虚拟经济的法律法规，实现依法治网是中国推进社会治理体系现代化的重要组成部分，可以通过设立互联网法院，提升人民法院打击违法犯罪的效率，更新司法理念、创新司法模式、推进依靠科技手段依法治网的协同化方式，实现虚拟经济安全发展，为虚拟经济保驾护航，提升人们的生活安全感、幸福感。随着社会发展、科技创新和法治建设与时俱进，依法治网将日臻完善。

网络空间不是"法外之地"，需要加强共识，加大宣传力度，才能给网络空间留住青山绿水。2020 年 12 月，中共中央印发了《法治社会建设实施纲要（2020—2025年）》，提出推动社会治理从现实社会向网络空间覆盖，建立健全网络综合治理体系，加强依法管网、依法办网、依法上网，全面推进网络空间法治化，营造清朗的网络空间。这是维护社会和谐稳定、维护公民合法权益、促进网络空间健康有序发展的重大举措，也是依法治网的题中之义。

网络空间不是"世外桃源"，不是"违法野蛮生长的空间"。当前，一些网站、社交平台、直播空间（直播带货）、短视频上的内容良莠不齐、泥沙俱下，还存在网络谣言、网络侵权盗版甚至网络恐怖主义等违法犯罪行为，危害人民群众生命财产安全。比如，一些网络弹窗频频弹出赌博、暴力等违法信息，很难关闭，令人不堪其扰，影响广大网民特别是青少年身心健康。再如，一些占卜术搭上互联网快车，由线下转战线上，逐渐从娱乐走向非法牟利，花式营销、诈骗等问题时有发生。这些问题的出现，要求我们必须将互联网纳入法治轨道，明确网络行为底线、网络空间红线、网络违法违规高压线，全面推进网络空间法治化，依法治网。

网络空间不是"法外之地"，要让全民增强法律意识。虚拟网络空间只是一个信息传播与交流的载体，但运用网络的主体是现实存在的，作为现实社会的生活延伸，与现实社会相互交织、相互影响的网络并不是无人监管区。虚拟网络空间也需要生活在一个秩序井然、青山绿水似的空间，谁都不愿网络空间充斥着虚假、诈骗、谩骂、恐怖、色情和暴力。我国加强网络空间新兴和重点领域立法，民法典扩大了隐私和个人信息的范围，对网络侵权责任等作出规定，个人信息保护法等重要基础性立法推进顺利。目前，我国已出台关于互联网的法律、法规和规章300多部，依法加强网络空间治理已经有了切实可行的基本依据。中共中央印发的《法治社会建设实施纲要（2020—2025年）》针对网络空间治理中的突出问题，从完善网络法律制度、培育良好的网络法治意识、保障公民依法安全用网等方面提出具体措施，为建立健全网络综合治理体系、全面推进网络空间法治化进一步指明了方向。

虚拟网络空间的网络生活需要依靠治网之道，法治为本，科技为辅，法律与科技协同并进。虚拟网络空间的网络生活扩展到哪里，法治就要覆盖到哪里，科技监管手段就要提前布局，早发现、早预警、早报告。按照《纲要》要求，依法加强网络空间治理，通过立改废释并举等方式，推动现有法律法规延伸适用到网络空间；坚决依法打击谣言、淫秽、暴力、迷信、邪教等有害信息在网络空间传播蔓延，建立健全互联网违法和不良信息举报一体化受理处置体系；落实网络安全责任制，明确管理部门和网信企业的网络安全责任，依法查处网络金融犯罪、网络诽谤、网络诈骗、网络色情、短视频虚假视频、攻击窃密等违法犯罪行为，网络空间才会天朗气清、生态良好，网络发展才能充满活力、行稳致远。

区块链与法律需要与时俱进，否则，由区块链引领的第二代互联网可能带来更大的违法传播空间。要及时依靠科技手段与法律，提升打击虚拟网络空间违法的能力，推动及时修改不能适应新技术发展的法律，推动法律与科技的协同发展，为第二代网络空间保驾护航。

二、落实《区块链信息服务管理规定》，推动区块链安全有序发展

区块链技术应用已延伸到经济、贸易、数字身份证明、数据共享、物联网、智能制造、电子发票、税务、供应链管理、数字资产交易等多个领域，我们既要高度重视其发展，也要高度重视区块链信息服务管理。作为可信价值互联网的基础设施，区块链技术经历了十多年的发展与检验。对区块链这一代表未来趋势的第二代互联网，需要观察跟踪其发展，高度重视其价值，建立规则体系，推动区块链行业自律发展。对此，习近平总书记在中央政治局第十八次集体学习时强调，"要加强对区块链技术的引导和规范"，"要把依法治网落实到区块链管理中，推动区块链安全有序发展"。

自由都是相对的，区块链需要避免野蛮生长带来的负面影响，需要加强区块链管理，同时也要认清管好区块链的必要性，提升认知高度。当今区块

链给各国经济社会发展带来巨大机遇，全球主要国家都在积极加快布局区块链技术发展。早期阶段技术发展时，需要宽容，适度监管，随着应用增多，应用现状逐渐成熟，安全性面临挑战，需要加强区块链信息服务管理，推动区块链有序安全发展。比如，区块链由于其匿名性可能会成为传播违法违规信息、实施网络违法犯罪活动的工具。非官方数字货币打造的数字金融，可能影响国家经济金融安全。为了让区块链安全有序发展，需要兴利除弊、扬长避短，实现区块链在信息服务管理的框架下安全有序发展。合理的监管是必要的，否则就可能使区块链乱象丛生、走上歧路，成为违法犯罪的土壤。

治理与规范需要与时俱进，跟进科技发展趋势。加强区块链的规范化，实现合规治理，不仅有利于区块链的健康发展，更有利于推进国家治理体系和治理能力现代化。科技本身没有好坏之分，就看谁用，如果违法犯罪分子利用，就可能干出违法乱纪的事，影响发展大局和人们的生活。区块链无论在技术上还是法理上都需要制定相应的治理机制和规范化，从法律上做到有法可依，形成监管体系，实现监管的便利化和低成本。政府部门只有真正深入其中积极应用区块链，才能更好地制定区块链相应的政策和规范。科技发展需要包容性管理，管理太严，也不利于科技创新实验，科技创新实验需要宽容错误。对区块链的管理要包容审慎、恰到好处。政府监管需要与现实应用结合，深入调研，注重效果，措施得当，允许探索，允许试错，为新生事物发展创造良好条件。政府对区块链信息服务管理可以明确底线思维，出台负面清单，稳步推动试点项目，同时加强正面引导。

习近平总书记指出，相关部门及其负责领导同志要注意区块链技术发展现状和趋势，提高运用和管理区块链技术能力。[1]对于领导干部来说，既要深入学习，体验会用，也要善管。在运用中学会管理，同时在管理中更好运用，才能使区块链技术在建设第二代可信价值互联网时代提前布局建设网络

---

[1]《把区块链作为核心技术自主创新重要突破口　加快推动区块链技术和产业创新发展》，《人民日报》2019年10月26日。

强国，协同传统产业转型数字化、助力经济与社会融合发展等方面发挥更大作用。

为了更好地明确区块链信息服务提供者的信息安全管理责任，规范和促进区块链技术及相关服务健康发展，规避区块链信息服务安全风险，为区块链信息服务的提供、使用、管理等提供有效的法律依据，国家互联网信息办公室2019年1月10日发布了《区块链信息服务管理规定》（以下简称《规定》），自2019年2月15日起施行。《规定》正式出台是区块链监管、治理与规范化发展的开始。

区块链作为一项新兴技术，具有不可篡改、匿名性等特性，在给国家发展带来机遇、给社会生活带来便利的同时，也带来了一定的安全风险。通过与传播领域的结合，一些不法分子利用区块链传播违法有害信息，实施网络违法犯罪活动，损害公民、法人和其他组织合法权益。部分区块链信息服务提供者的安全责任意识不强，管理措施和技术保障能力不健全，对互联网信息安全提出新的挑战。

《规定》明确，区块链信息服务管理的目的是为落实信息安全管理主体责任，维护国家安全和公共利益，保护公民、法人和其他组织的合法权益，促进区块链技术及相关服务健康发展。所谓区块链信息服务，是指基于区块链技术或者系统，通过互联网站、应用程序等形式，向社会公众提供信息服务。所谓区块链信息服务提供者，是指向社会公众提供区块链信息服务的主体或者节点，以及为区块链信息服务的主体提供技术支持的机构或者组织。在职能上，国家互联网信息办公室依据职责，负责全国区块链信息服务的监督管理执法工作；省、自治区、直辖市互联网信息办公室依据职责，负责本行政区域内区块链信息服务的监督管理执法工作。

《规定》提出，区块链信息服务提供者应当落实信息内容安全管理主体责任；配备与其服务相适应的技术条件；制定和公开管理规则和平台公约；落实真实身份信息认证制度；不得利用区块链信息服务从事法律、行政法规禁止的活动或者制作、复制、发布、传播法律、行政法规禁止的信息内容;对违反法律、行政法规和服务协议的区块链信息服务使用者,应当依法依约采取处置措施。

《规定》要求,区块链信息服务提供者应当在提供服务之日起十个工作日内通过国家互联网信息办公室区块链信息服务备案管理系统填报备案信息,变更服务项目、平台网址等事项或者终止服务的,应当办理变更或注销手续。服务提供者开发上线新产品、新应用、新功能的,应当按照有关规定报国家和省、自治区、直辖市互联网信息办公室进行安全评估。

《规定》强调,违反《规定》相关规定的,由国家和省、自治区、直辖市互联网信息办公室依据本规定和有关法律、行政法规予以相应的处罚;构成犯罪的,依法追究刑事责任。区块链信息服务管理需要政府部门、相关企业、专业机构、社会公众等多方参与,健全完善社会评议、信用公示等手段,不断推进区块链行业自律规范和公共监督约束。

三、让区块链技术在建设网络强国方面发挥更大作用

文明不会思考,但会选择。历史和经济周期总会重演,但时代在不断变革。随着科技的进步,人类拓展了生活的半径,缩短了交流的距离。思想的碰撞提升了认知,变相地淘汰弱势文明,实现紧跟时代发展的文明进化。新技术风起云涌,带来新的生活方式与新的文明,改变从此开始。

区块链技术被认为是继蒸汽机、电力、互联网之后下一代颠覆性的核心技术,标志着第二代可信价值互联网时代的开始。要抓住这次区块链机遇期,实现我国第二代互联网核心技术自主可控,真正拥有核心技术,避免核心技术卡脖子。提升原始创新能力,占据创新制高点,取得关键核心技术突破,才能真正拥有国际话语权、标准与规则制定权,使区块链技术在建设网络强国方面发挥更大作用,更好地服务国家建设,服务实体经济发展。

区块链服务网络是一个点对点的网络，跨云服务、跨门户、跨底层框架，用于部署和运行区块链应用的全球性公共基础设施网络。以以太坊为主的公有链生态建设目前已经深入人们的生活领域，去中心化DAPP应用生态也在逐渐发展（我们现在手机上装的应用软件都是中心化的APP应用）。区块链引领的去中心化互联网将降维打击第一代互联网的生态，有可能带来颠覆性应用，改变现有的生态模式。

区块链作为下一代互联网，有可能带来的打击力度是第一代互联网的十倍甚至百倍的规模。回顾第一代互联网走过的历程，基础技术历来是我们国家最薄弱的环节，原始创新能力不足。与互联网最息息相关的IP技术不是我们的，操作系统不是我们的，数据库不是我们的，很多底层核心基础技术都不是我们的。我们只是拥有了使用权以及上层业务与生态的建设应用。正如一座大楼核心底座如果不掌控在自己手里，上面的一切都是空中楼阁，随时面临风险。

当今中国互联网企业取得的成绩基本都是在应用层面的成功，而不是底层核心技术的成功。我国应抓住区块链引领的第二代互联网时代，改变或者避免第一代互联网被卡脖子的窘境，使区块链技术在建设网络强国方面发挥更大作用。

如何使区块链技术在建设网络强国方面发挥更大作用？

首先是在国家层面高度重视，加大资金支持力度，允许更多尝试和失败，才有可能在区块链引领的第二代互联网时代不落伍，甚至领先全球。

其次是政策上加大扶持力度，鼓励原创，深耕核心技术，鼓励具有工匠精神的企业加大投入，在税收和其他方面给予优惠政策。

最后是加大产学研结合，理论创新与技术创新协同发展，鼓励高校、科研院所以及科技企业加强协同攻关。

2019年10月24日，中共中央政治局就区块链技术发展现状和趋势进行第十八次集体学习。习近平总书记在主持学习时强调，区块链技术的集成应用在新的技术革新和产业变革中起着重要作用。习近平总书记明确指出，要把区块链作为核心技术自主创新的重要突破口，明确主攻方向，加大投入力度，着力攻克一批关键核心技术，加快推动区块链技术和产业创新发展。习近平总书记在讲话中指出，相关部门及其负责领导同志要注意区块链技术发展现状和趋势，提高运用和管理区块链技术能力，使区块链技术在建设网络强国、发展数字经济、助力经济社会发展等方面发挥更大作用。

时不我待，我们要全力以赴把握这次区块链引领的未来第二代可信价值互联网的机遇，真正用心、聚力、聚智、聚资金，全力加大第二代可信价值互联网的核心基础研究，使区块链技术在建设网络强国方面发挥更大作用。

后　记

2019年10月24日，中共中央政治局就区块链技术发展现状和趋势进行第十八次集体学习，习近平总书记在主持学习时强调，区块链技术应用已延伸到数字金融、物联网、智能制造、供应链管理、数字资产交易等多个领域，区块链技术的集成应用在新的技术革新和产业变革中起着重要作用。我们要把区块链作为核心技术自主创新的重要突破口，明确主攻方向，加大投入力度，着力攻克一批关键核心技术，加快推动区块链技术和产业创新发展，积极推进区块链和经济社会融合发展。

本书以习近平新时代中国特色社会主义思想为指导，紧紧围绕习近平总书记在十九届中央政治局第十八次集体学习时的重要讲话精神，从区块链的发展历程、技术原理入手，通俗易懂、简明扼要地介绍区块链技术发展现状和趋势，阐明领导干部提高运用和管理区块链技术能力的重要意义、运用场景和方法路径，有利于广大领导干部和读者更好理解区块链技术的集成应用在新的技术革新和产业变革中的重要地位，更好发挥区块链技术在推进社会治理、建设网络强国、发展数字经济、助力高质量发展等方面的重要作用。

本书中关于习近平总书记的相关重要论述，除注明出处外，均来自"学习强国"学习平台和"中国共产党新闻网"。编写过程中参考了专家学者的观点、论述和精神，限于本书体例没有一一列出，在此表示感谢和致歉。需要指出的是，由于编者理论水平有限，实践经验不足，本书的错误纰漏之处在所难免，恳请广大读者批评指正。

编者
2022年5月20日